"十四五"职业教育国家规划教材

互联网文案写作

微课版 第2版

张润彤◎主编

仪云倩 尹校军 肖凯◎副主编

人民邮电出版社

北　京

图书在版编目（CIP）数据

互联网文案写作：微课版 / 张润彤主编. -- 2版
. -- 北京：人民邮电出版社，2024.4
职业教育经济管理类新形态系列教材
ISBN 978-7-115-64280-6

Ⅰ．①互… Ⅱ．①张… Ⅲ．①互联网络－广告文案－
写作－职业教育－教材 Ⅳ．①F713.812

中国国家版本馆CIP数据核字(2024)第078364号

内 容 提 要

　　互联网文案是指在互联网上发布的文案，包括但不限于网页内容、广告语、产品介绍、营销推文等。互联网文案通常简洁、生动、富有创意，对营销推广和品牌形象塑造非常重要。本书共9章，从互联网文案的相关概念、岗位职责及传播与商业价值出发，循序渐进地介绍了互联网文案的写作准备、写作方法、视觉设计，以及电商产品文案的写作、品牌文案的写作、互联网软文的写作、新媒体平台文案的写作和其他互联网文案的写作等知识，以帮助互联网时代各类企业的市场营销、品牌推广、行政公关等相关部门的人员创作出更专业的互联网文案。

　　本书可作为网络与新媒体、电子商务、市场营销等专业相关课程的教材，也可作为从事互联网运营、互联网文案撰写等相关工作的人员的参考书。

◆ 主　　编　张润彤
　　副 主 编　仪云倩　尹校军　肖　凯
　　责任编辑　赵广宇
　　责任印制　胡　南

◆ 人民邮电出版社出版发行　　北京市丰台区成寿寺路 11 号
　　邮编　100164　电子邮件　315@ptpress.com.cn
　　网址　https://www.ptpress.com.cn
　　三河市中晟雅豪印务有限公司印刷

◆ 开本：787×1092　1/16
　　印张：12　　　　　　　　　　　2024 年 4 月第 2 版
　　字数：241 千字　　　　　　　　2025 年 2 月河北第 7 次印刷

定价：56.00 元

读者服务热线：(010)81055256　印装质量热线：(010)81055316
反盗版热线：(010)81055315

前言
PREFACE

党的二十大报告指出："培养造就大批德才兼备的高素质人才，是国家和民族长远发展大计。""完善人才战略布局，坚持各方面人才一起抓，建设规模宏大、结构合理、素质优良的人才队伍。"

近年来，随着互联网信息技术、数字技术和手机移动终端技术的发展，互联网文案在企业网络营销中占据的比重越来越大，企业对互联网文案相关人才的需求也随之增加。为了培养出与时俱进的人才，满足相关院校的人才培养要求及相关企业的人才需求，编者特意编写了本书。

本书内容

本书引用了大量成功的互联网文案案例，集合了国内外新的研究成果和实战经验，以当今互联网文案为出发点，对互联网时代下的文案岗位要求和文案写作方法进行了系统的介绍和分析。本书共9章，可以分为3个部分，各部分的具体内容如下。

第1部分（第1、2章）：这部分主要讲解了互联网文案写作的基础知识，包括互联网文案的定义、分类、特点、写作要求，互联网文案岗位的职责和能力要求，互联网文案的传播与商业价值，互联网文案写作前的调研与分析，互联网文案的创意，互联网文案的写作思维等内容。

第2部分（第3、4章）：这部分介绍了互联网文案写作与视觉设计的基本方法，包括互联网文案标题、开头、正文、结尾的写作方法，文字式文案和图片式文案的视觉设计等内容。

第3部分（第5章~第9章）：这部分详细介绍了多种互联网文案的具体写作方法，包括电商产品文案的写作、品牌文案的写作、互联网软文的写作、新媒体平台文案的写作、其他互联网文案的写作等内容。

本书特色

本书与目前市场上的其他同类教材相比，具有以下特色。

（1）内容全面，讲解细致。本书内容较为全面，深入细致地讲解了互联网文案写作所需具备的系统知识，即从互联网文案写作的基础知识入手，全面介绍了互联网文案的写作方法、互联网文案的视觉设计、电商产品文案的写作、品牌文案的写作、互联网软文的写作、新媒体平台文案的写作和其他互联网文案的写作等内容，使读者对互联网文案的类

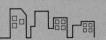

型与写作技巧有一个全面的认识。

（2）**案例丰富，赋能教学**。本书在知识讲解过程中穿插了相关案例，并设置了"案例分析"模块。这些案例以文字或图片的形式进行展示，具有较强的可读性和参考性，可以帮助读者快速理解并掌握相关内容。

（3）**体例多样，理论与实践相结合**。本书注重理论与实践的结合，在每章知识讲解结束后均设置了"课堂实训"与"课后练习"模块，以帮助读者更好地运用每章所学的知识。

（4）**贯彻立德树人，落实素养教学**。本书全面贯彻党的二十大精神，不仅在每章的章首页设置了"素养目标"模块，还在章节中设置了"素养提升"模块，融入了个人素养、文化传承、职业道德等元素，力求培养复合型人才。

配套资源

本书提供了丰富的配套资源，包括PPT课件、电子教案、教学大纲、课后练习题答案、题库及试卷系统等资源，用书教师可登录人邮教育社区（www.ryjiaoyu.com）免费下载。

编者留言

本书由张润彤担任主编，仪云倩、尹校军、肖凯担任副主编。在本书的编写过程中，编者参考了大量不同企业发布的互联网文案以及互联网文案的相关研究文献，在此谨向相关文案和文献的作者表示诚挚的谢意。由于编者水平有限，书中难免存在不当之处，恳请广大读者批评指正。

编 者

2024 年 4 月

目录
CONTENTS

第1章 互联网文案基础

学习目标

● 掌握互联网文案的基础知识、互联网文案岗位的职责和能力要求。

● 掌握互联网文案的传播和商业价值。

● 能够根据自身情况进行互联网文案岗位职业规划。

素养目标

● 参照互联网岗位的能力要求，提升自身综合能力和素养。

知识结构图

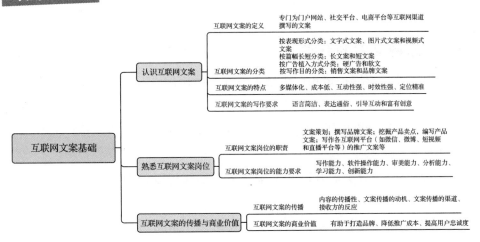

1.1 认识互联网文案

随着互联网的普及和深入，人们的生活方式和阅读习惯发生改变。互联网文案作为信息传播的重要手段，在企业宣传中扮演着重要的角色。

1.1.1 互联网文案的定义

"文案"在旧时指掌管档案、负责起草文书的幕友，亦指官署中的公文、书信等。在现代，"文案"则被赋予了新的意义。现代文案的概念来源于广告行业，是"广告文案"的简称，多以文字的形式表现广告的信息内容，广告标题、正文、口号等都是文案的常见形式。作为目前主流的宣传手段之一，文案被广泛应用于公司广告、企业宣传、新闻策划等多个领域。

互联网文案是指专门为门户网站、社交平台、电商平台等互联网渠道撰写的文案。这种文案旨在吸引互联网用户的注意力，促使他们采取行动，如浏览网页、购买产品、关注社交平台账号或与品牌方互动等。互联网文案的主要目标是通过文字、图片、视频等形式，有效地传达产品、服务或品牌等信息，以满足互联网用户的需求，实现营销、宣传或传播等目的。

1.1.2 互联网文案的分类

根据表现形式、篇幅长短和广告植入方式等的不同，互联网文案可划分为不同的类型。明确互联网文案的类型可以帮助文案人员更好地认识互联网文案，并能根据不同的需要写出更加符合用户需求的文案，最终达到促进产品销售、推广品牌或塑造品牌形象的目的。

（1）按表现形式分类。互联网文案按表现形式可以分为文字式文案、图片式文案和视频式文案。

- **文字式文案**。文字式文案是指以大段的文字输出为主的文案（见图1-1），包括微信公众号文案、微博头条文章、门户网站上的营销软文等。文字式文案篇幅较长，部分文字式文案会穿插图片、链接等。它是当前主流的文案表现形式之一。
- **图片式文案**。图片式文案是指以图片为载体的文案，其代表为海报文案和H5（HTML5的简称，HTML的全称是Hyper Text Markup Language，指超文本标记语言）文案（见图1-2）。该类文案对图片创意与信息选择的要求较高，文案人员要利用有限的文字传达主题思想和重要信息。
- **视频式文案**。视频式文案即以视频为载体的文案，主要指直播和短视频文案（见图1-3）等。抖音、快手、哔哩哔哩等发布的多为视频式文案。

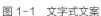

图 1-1　文字式文案　　　图 1-2　H5 文案　　　图 1-3　短视频文案

（2）按篇幅长短分类。根据篇幅长短，互联网文案可分为 1000 字以上的长文案和 1000 字以内的短文案。长文案可以详细、全面地展示信息，常用于讲述品牌故事、介绍产品详情等；短文案则简洁明了，直截了当地表现核心信息，以达到快速吸引用户的目的，多用于广告语和社交媒体文案等。

（3）按广告植入方式分类。根据广告植入方式的不同，互联网文案可分为硬广告和软文。

- **硬广告**：直接介绍产品、服务内容的广告文案，通过登报、设置广告牌或在电台、电视台、社交媒体、门户网站等投放广告进行宣传。
- **软文**：企业通过策划，在报刊、社交媒体、网络等宣传载体上刊登的，可以提高企业品牌形象和知名度，或促进企业产品销售的宣传性或阐释性文章，通常包括特定的新闻报道、深度文章、付费短文广告、案例分析等。软文不直接介绍产品或服务，而是将其巧妙地融入情感故事或干货分享中，使用户在愉悦的阅读过程中接收广告信息，产生一种"润物细无声"的营销效果。

（4）按写作目的分类。根据写作目的的不同，互联网文案可分为销售文案和品牌文案。

- **销售文案**：能够直接促进销售的文案，如电商产品的详情页文案、促销文案、广告语等。销售文案需要能打动用户，激发用户的购买欲，引导其产生购买行为。
- **品牌文案**：能推广品牌、树立品牌形象的文案，如品牌故事、品牌形象广告等。品牌文案不直接促进销售，但能加深用户对品牌的印象，提升用户对品牌文化及品牌理念等的认同，从而使用户转变为粉丝。

课堂活动

在微博查看OPPO官方微博，分辨其中哪些是销售文案，哪些是品牌文案。

1.1.3 互联网文案的特点

互联网文案是在当代社会环境的变革中发展而成的一种文案类型，它更符合人们现在的阅读习惯，也更能适应媒体传播的需要。由于互联网具有不同于传统媒体的特性，互联网文案也因此体现出不同的特点。

1．多媒体化

随着技术的发展，互联网文案越来越趋向于多媒体化。除了传统的文字和图片，越来越多的平台开始采用音频、视频、直播、增强现实（Augmented Reality，AR）、虚拟现实（Virtual Reality，VR）等多种形式的内容呈现方式，这使得互联网文案具有更强的表现力，对信息的展示也更加直观，且增强了对用户的视觉冲击力。

2．成本低

相比于传统的广告，互联网文案的发布成本更加低。企业可以选择免费或低成本的渠道发布和传播文案。同时，互联网平台的广泛性也扩大了文案的传播范围，用户若对文案满意还可能自发传播，从而节省企业的推广成本。

3．互动性强

互联网文案多发布于社交、娱乐及资讯类平台，用户可以使用手机随时随地地进行浏览、点赞或分享等操作。同时，互联网文案中会包含引导用户评论、参与活动等方面的内容，使文案的作用不再是单向传播信息，而是多向沟通与交流，互联网文案的"互动性"特点日益凸显。以品牌方微博文案为例，其常会号召用户评论、点赞或转发，互动性强，能较好地维持品牌方与用户之间的关系，增加用户对品牌的亲切感，提高用户主动传播文案的积极性。

4．时效性强

互联网是一个动态变化的环境，用户对信息的需求和关注点在不断发生变化，因此互联网文案需要及时关注和反映当前的热点话题、时事新闻或行业动态，并且需要及时更新，以保持与时俱进。例如，互联网文案通常使用一些当下的流行词汇、网络用语、热点事件等，用于吸引用户的阅读兴趣。

5．定位精准

随着大数据等相关技术的成熟，各大互联网平台都开始在分析用户行为数据的基础上，根据用户的个人喜好来为用户推荐其感兴趣的内容，实现了个性化推荐。在这样的大背景下，越来越多的互联网文案呈现出定位精准的特点，这些互联网文案不仅以目标用户的需求和内容偏好为出发点，还会融入目标用户关注的关键词。

案例分析：闲鱼的视频文案"让闲置运动起来"

亚运会开幕之际，闲鱼发布了一则视频文案"让闲置运动起来"，将日常生活中的五件闲置物品——球鞋、耳机、跑步机、扫地机器人和手机拟人化，并使其化身为参赛选手，闲鱼的视频文案如图1-4所示。用户可通过参赛完成闲置流通。

图1-4 闲鱼的视频文案

案例点评：该文案体现出互联网文案的多个特点。首先，该文案采用视频的形式呈现，体现了互联网文案的多媒体化的特点；其次，该文案借助了亚运会的热度，时效性很强；最后，该文案很有针对性，以"闲置"和"运动"两个关键词，表明文案的核心信息为让闲置物品流通起来。

1.1.4 互联网文案的写作要求

优秀的互联网文案或独具创意，或洞悉人心，或图文精美，总是能够给人留下深刻的印象，使用户对产品和品牌产生好感。要想达到这种效果，文案人员写作互联网文案时就需要满足一些基本的要求，包括语言简洁、表达通俗、引导互动、富有创意等。

1．语言简洁

在互联网环境下，用户习惯使用碎片化时间浏览信息，要想吸引用户的注意力，文案应简明扼要。为了实现广告信息传播的有效性，文案人员写作文案时要用尽可能少的文字表达出核心信息，如产品的卖点、优惠价格、品牌理念等，以便用户阅读、理解和记忆。

2．表达通俗

在很多时候，文案人员将文案写得简单通俗可以降低用户的阅读门槛，让用户可以快速接收相关的信息。具体而言，表达通俗可以细化为以下3个要求。

（1）语言表达要规范和完整，避免语法错误和表达残缺。

（2）语言描述应该准确，避免产生歧义或误解。

（3）符合语言表达习惯，并避免使用生僻、过于专业化的词语。

例如，图1-5所示的文案"轻松瓦解 顽固污渍""厨房重油污 用它！"就十分通俗易懂。

图1-5 通俗易懂的文案

3．引导互动

互联网的特性使得用户不再只扮演围观者的角色，他们也成为内容的传播者、生产者和供应者。因此，写作互联网文案时，文案人员需要考虑与用户的互动，可以通过提问、设置悬念、发起号召等方式，引导用户参与互动，鼓励用户主动创作与二次传播文案，吸引更多的用户关注，从而提升品牌的知名度。

4．富有创意

创意的本质是把别人不能联想在一起的事物，按照某种逻辑连接起来，创造出不一样的表现方法。写作互联网文案时，文案人员也要注意文案的创意，摆脱惯性思维，用全新的思维解读事物、联系事物、表达事物。例如，图1-6所示的海报文案在呈现数字"6"时，将其与河道、街道的形状结合起来，十分有创意。

图1-6 有创意的海报文案

1.2 熟悉互联网文案岗位

随着文案在营销推广中的重要性日益凸显，人才市场上文案岗位的需求持续增长，选择从事互联网文案工作的人数也在逐步增加。该岗位的职责是什么，该岗位的工作人员又需要具备哪些能力，这些都是文案人员做好互联网文案工作必须了解的。

1.2.1 互联网文案岗位的职责

互联网文案岗位的工作内容主要包括为企业的产品、广告宣传等撰写相应的文案，具体包括以下几项。

（1）根据企业或品牌的定位及产品风格，进行创意思考及文案策划。

（2）分析市场上的同类竞争品牌，撰写品牌文案，提升企业或品牌形象。

（3）挖掘产品卖点，跟进热点，编写能突出产品特点、展现产品价值、使用户产生强烈购买欲的产品文案。

（4）写作各互联网平台（如微信、微博、短视频和直播平台等）的推广文案。

（5）写作 H5 文案、社群文案等其他各类文案。

1.2.2 互联网文案岗位的能力要求

互联网文案人员需要拥有能够胜任该岗位的基本能力，主要包括以下 6 项。

（1）写作能力。它具体包括语法、逻辑等写文章应掌握的基本技能；把控文案语言风格的能力；运用不同的写作方法写作不同类型文案的能力；使用各种写作技巧，如善用图片、音乐、视频、超链接等元素，提升文案吸引力的能力；等等。

（2）软件操作能力。部分文案人员可能会承担文案的写作与排版设计，所以文案人员最好能掌握图文排版软件、制图软件、视频编辑软件、办公软件等的基本操作。

（3）审美能力。文案人员需要掌握文字排版，包括字体大小、字体颜色、字间距、行间距等的设置；擅长图文搭配；做好版面风格定位、装饰元素搭配；等等。

素养提升

　　文案人员可以采取多种方式提高自己的审美能力：多看优秀的文案作品，学习其文案创意和表达方式；学会观察和思考，善于发现和欣赏身边的美好事物，以培养对美的敏感度；欣赏不同艺术形式的美，如绘画、音乐等。

（4）分析能力。分析能力包括对公司、品牌定位和风格的分析，对产品投放的市场、面对的目标用户、用户的需求和消费心理的分析，对投放渠道及用户反馈的分析。通过数据分析，文案人员能为文案搭建一个比较有条理的结构，使文案层次清晰、有理有据，具有针对性。

（5）学习能力。文案写作是一个不断积累与学习的过程，学习能力强的人善于取其精华、去其糟粕，能较快地吸收新知识，并将学到的知识转化为自己所需要的能力，并在此基础上创作出优秀的作品。

（6）创新能力。新颖、有创意的内容可以使文案不落俗套，更容易引起用户的注意。因此，文案人员需要具备创新能力，通过独立思考提出新颖、独特的观点和观念；善于运用创新性的修辞手法和语言风格，使文案更具吸引力；文案人员能够巧妙地在文案中加入幽默、趣味元素；能够结合不同领域的知识，创造出跨领域的内容。

1.3 互联网文案的传播与商业价值

在互联网时代，文案的传播力同样重要。拥有强大传播力的互联网文案能够以较低的成本实现广泛推广，对品牌知名度和产品销售产生较大的影响，因此在商业上具有巨大价值。

1.3.1 互联网文案的传播

在互联网快速发展的当下，信息传播载体已由传统的电视、平面媒体转变为基于互联网和移动网络技术的社交媒体，这不仅改变了信息传播的方式，也影响了文案传播的过程。目前，影响互联网文案传播过程的因素有以下4种。

1．内容的传播性

内容的传播性即内容在传播过程中引起广泛传播的属性，具有较高传播性的内容能够被迅速传播并引起大量关注。内容的传播性受到多种因素的影响，如内容的价值、情感共鸣、时效性、趣味性等。

其中，内容的价值可以理解为给用户带来好处，具体包括两类。一是解决实际的痛点（用户在日常生活中碰到的，如果不解决就会十分痛苦的问题），如上班族的早餐时间很有限，解决其痛点的文案为"在忙碌的早晨，只需一分钟，享受美味早餐"。二是为用户制造痒点（用户不一定需要，但却特别有兴趣、渴望拥有的东西），如某主打拍摄功能的手机文案为"专业模式，让您轻松成为摄影高手"。

2．文案传播的动机

一般而言，文案传播的动机可以分为两类：货币动机与社交货币动机。文案要想获得广泛的传播，可以刺激用户产生货币动机或社交货币动机。

货币动机是指用户被现实的利益所驱动而产生的动机。常见的"分享得红包""帮我砍价""为好友助力使红包翻倍"等文案都是通过刺激用户产生货币动机来促进传播的。

那什么是社交货币呢？就像人们使用货币能买到产品一样，使用社交货币能够"买到"亲朋好友对自己的积极印象，如健身人士分享锻炼成果打造健身达人人设、摄影爱好者分享摄影作品展现拍摄和审美水准。成功刺激用户产生社交货币动机是许多文案得以广泛传播的原因之一，如邀请用户参与设计并生成专属作品的 H5 文案、鼓励用户参与话题讨论的微博文案。

3．文案传播的渠道

互联网文案传播的渠道有许多，在选择传播渠道时，除了考虑投入产出比等数据，还应该考虑"关键人"这个因素。

关键人是指某些具有强大的传播能量的人，比如在互联网时代涌现出的一大批网络达人和关键意见领袖（Key Opinion Leader，KOL）。"关键人"拥有很多忠诚度较高的粉丝，并且频繁活跃在各大社交平台上，与他们合作的营销成本相对较低。因此，众多企业纷纷看中"关键人"的影响力，选择与"关键人"进行合作，在其微博、直播、短视频等内容中植入自己的广告。

4．接收方的反应

接收方是传播链条的最后一个环节，接收方的反应在很大程度上决定了传播的效果。若文案能"唤醒"接收方，就说明接收方接收了文案信息。

"唤醒"是指被激活并随时待命的状态，典型的唤醒情绪包括愉悦、兴奋、敬畏、生气、担忧等。例如，文案"电影《××》即将上映，准备好迎接震撼的视觉盛宴了吗？"唤醒的是兴奋、期待的情绪；而文案"未来充满不确定性，你是否能应对挑战？"唤醒的则是担忧情绪。

1.3.2　互联网文案的商业价值

互联网文案不仅可以展现企业的品牌文化和产品，还能较好地满足用户需求，吸引用户购买产品。总的来说，互联网文案的商业价值体现在以下 3 个方面。

1．有助于打造品牌

互联网文案可以将品牌理念以形象生动的文字表达出来，让用户了解品牌的形成过程、品牌所倡导的理念精神、品牌所代表的意义等。长此以往，企业就可以逐渐积累起品牌美誉度，使用户对该品牌的质量可信度、社会公信力、市场竞争力、服务诚意、回报社会等方面有良好的印象。

2．降低推广成本

企业可以通过各种渠道免费发布互联网文案，通过输出有趣、有价值的内容吸引用户关注，引起用户共鸣，进而促使用户主动传播文案，借助用户的力量来低成本地扩大品牌的影响力，促进产品销售。

3．提高用户忠诚度

通过注入有情感的互联网文案，企业能够引发用户的共鸣，建立与用户之间深层

次的情感连接。此外，企业可以通过定期更新互联网文案与用户进行持续互动，如在文案中征求用户的意见、号召用户参与讨论等，拉近与用户之间的距离。这些都有助于提高用户的忠诚度。

 案例分析：奈雪的茶通过视频文案传递环保理念

奈雪的茶发布过一则视频文案"小绿袋，传递爱"，讲述很多用户将奶茶的保温袋作为日常使用的买菜手提袋、购物袋、便当袋等，通过循环使用，助力环保事业。奈雪的茶的文案如图1-7所示。

图1-7 奈雪的茶的文案

案例点评：该文案充分体现了互联网文案的商业价值，通过奶茶保温袋在用户日常生活中的使用场景，展现了品牌与用户之间的陪伴关系，有助于提升用户的忠诚度。此外，该文案传递的环保理念展现了品牌方对环保事业的关注，有助于树立良好的品牌形象。

📈 1.4 课堂实训——互联网文案岗位职业规划

小倪是某高校市场营销系的一名学生，她对互联网文案岗位非常感兴趣。为明确学习和发展方向，小倪决定就互联网文案岗位进行职业规划。

1. 实训目的和要求

通过该实训，熟悉互联网文案岗位的相关知识，具体要求如下。

（1）做好自我分析。

（2）进入招聘网站，了解互联网文案岗位的招聘情况。

（3）提出切实可行的个人目标、制订提升计划，并撰写岗位职业规划书。

2. 实训步骤

`STEP 01` **自我分析**。从兴趣爱好、性格特征、职业价值观、职业能力等方面分析自我。

`STEP 02` **职业分析**。进入BOSS直聘、智联招聘等招聘网站，搜索与互联网文案相关的岗位，查看多个企业的招聘信息后加以总结。

`STEP 03` **提出目标**。提出切实可行的个人目标，包括短期目标（1～2年的目标）、中期目标（3～5年的目标）和长期目标（5年以上的目标）。短期目标应具体、明确和可行；中期目标要具有一定的激励性；长期目标应尽可能长远，可以不用太具体和详细。

STEP 04 **制订计划**。根据个人短期目标，衡量距离实现目标的差距，制订提升计划。

STEP 05 **撰写岗位职业规划书**。汇总上述内容，形成互联网文案岗位职业规划书，如图1-8所示。

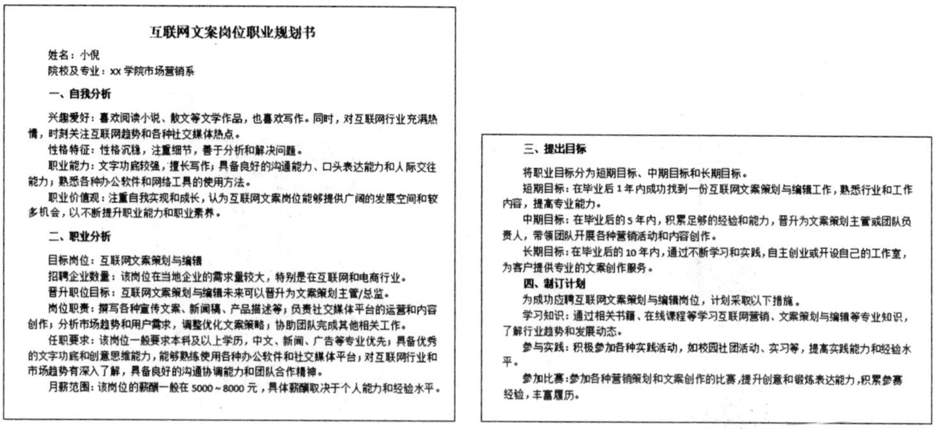
互联网文案岗位职业规划书

姓名：小倪

院校及专业：xx 学院市场营销系

一、自我分析

兴趣爱好：喜欢阅读小说、散文等文学作品，也喜欢写作。同时，对互联网行业充满热情，时刻关注互联网趋势和各种社交媒体热点。

性格特征：性格沉稳，注重细节，善于分析和解决问题。

职业能力：文字功底较强，擅长写作；具备良好的沟通能力、口头表达能力和人际交往能力；熟悉各种办公软件和网络工具的使用方法。

职业价值观：注重自我实现和成长，认为互联网文案岗位能够提供广阔的发展空间和较多机会，以不断提升职业能力和职业素养。

二、职业分析

目标岗位：互联网文案策划与编辑

招聘企业数量：该岗位在当地企业的需求量较大，特别是在互联网和电商行业。

晋升职位目标：互联网文案策划与编辑未来可以晋升为文案策划主管/总监。

岗位职责：撰写各种宣传文案、新闻稿、产品描述等；负责社交媒体平台的运营和内容创作；分析市场趋势和用户需求，调整优化文案策略；协助团队完成其他相关工作。

任职要求：该岗位一般要求本科及以上学历，中文、新闻、广告等专业优先；具备优秀的文字功底和创意思维能力，能够熟练使用各种办公软件和社交媒体平台；对互联网行业和市场趋势有深入了解，具备良好的沟通协调能力和团队合作精神。

月薪范围：该岗位的薪酬一般在 5000～8000 元，具体薪酬取决于个人能力和经验水平。

三、提出目标

将职业目标分为短期目标、中期目标和长期目标。

短期目标：在毕业后 1 年内成功找到一份互联网文案策划与编辑工作，熟悉行业和工作内容，提高专业能力。

中期目标：在毕业后的 5 年内，积累足够的经验和能力，晋升为文案策划主管或团队负责人，带领团队开展各种营销活动和内容创作。

长期目标：在毕业后的 10 年内，通过不断学习和实践，自主创业或开设自己的工作室，为客户提供专业的文案创作服务。

四、制订计划

为成功应聘互联网文案策划与编辑岗位，计划采取以下措施。

学习知识：通过相关书籍、在线课程等学习互联网营销、文案策划与编辑等专业知识，了解行业趋势和发展动态。

参与实践：积极参加各种实践活动，如校园社团活动、实习等，提高实践能力和经验水平。

参加比赛：参加各种营销策划和文案创作的比赛，提升创意和锻炼表达能力，积累参赛经验，丰富履历。

图1-8 互联网文案岗位职业规划书

1.5 课后练习

1．选择题

（1）**【单选】**下列不属于互联网文案岗位的工作职责的是（　　）。

A．制订营销计划　　B．写作产品详情页文案

C．写作微博文案　　D．挖掘产品卖点

（2）**【多选】**根据写作目的不同，互联网文案可以分为（　　）。

A．销售文案　B．品牌文案　C．硬广告　D．软文

（3）**【多选】**下列选项中，属于合格的文案人员必备能力的有（　　）。

A．写作能力　B．创新能力　C．审美能力　D．忍耐力

2．填空题

（1）互联网文案的特点包括________、________、________、________、________。

（2）互联网文案的商业价值包括________、________、________。

（3）影响互联网文案传播过程的因素包括________、________、________、________。

3．判断题

（1）文案传播的动机可以分为货币动机与社交货币动机。 （ ）

（2）软文会将广告巧妙地融入情感故事或干货分享中。 （ ）

（3）互联网文案的一大特征是互动性强。 （ ）

4．实践题

图1-9所示为某水池滤网的互联网文案。请阅读后回答以下问题。

（1）该文案满足哪些互联网文案的写作要求？

（2）该文案的价值体现在哪些方面？

图1-9　某水池滤网的互联网文案

第2章 互联网文案的写作准备

学习目标

● 掌握市场分析和用户分析的方法。
● 掌握生成创意的方法。
● 熟悉互联网文案的写作思维。

素养目标

● 具备创新意识，提高创新能力。

知识结构图

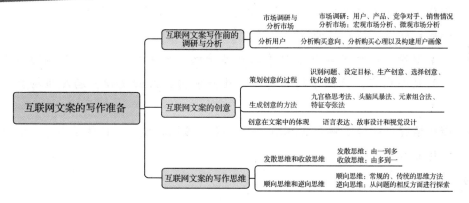

2.1 互联网文案写作前的调研与分析

很多人以为互联网文案写作像艺术创作一样，靠的是偶然的灵感，其实不然。互联网文案不等于艺术作品，因为写作互联网文案时更多考虑的是推广效果而不是艺术价值。互联网文案写作是一项系列工作，需要扎实地做好准备，其中调研与分析市场、分析用户是十分重要的工作。

2.1.1 市场调研与分析市场

互联网文案是为市场营销活动服务的，而市场分析则是市场营销过程中的一个重要环节。文案人员应使用科学的方法，系统地进行市场调研，通过分析市场的变化情况，了解市场成熟度，为文案写作提供客观、正确的依据。

1. 市场调研

市场调研是指有目的、系统地搜集市场信息，分析市场情况，从而为营销决策提供客观、正确资料的调查研究活动。对互联网文案写作而言，市场调研以用户、产品、竞争对手、销售情况为主要调研对象。

- **用户**：包括了解用户购买产品的数量、动机、渠道、方式等。
- **产品**：包括了解产品的性能、质量、定价、包装等。
- **竞争对手**：包括了解竞争对手的产品价格、质量和性能，广告宣传方式，提供的服务内容，产品市场占有率，生产能力，经营规模，满足市场需求的能力等。
- **销售情况**：包括了解销售环境（如产品市场饱和度）、销售渠道、销售区域、销售额等。

> **专家指导**
>
> 文案人员可以从内部管理系统（如产品采购和管理系统、仓储管理系统、财务管理系统等）、专业数据机构（如艾媒咨询等）或使用数据工具（如生意参谋、百度指数）等获取调研资料；也可以自主开展社会调研，如开展问卷调查获取用户需求等数据。

2. 分析市场

完成市场调研后，文案人员还需要进行市场分析，通过对企业或品牌所处的市场环境进行全面、系统的研究，根据分析结果制订合适的营销策略。

（1）宏观市场分析。

宏观市场分析是对整个市场的宏观环境进行分析。宏观环境又称一般环境，是指一切影响行业和企业的宏观因素。在进行宏观环境分析时，文案人员需要考虑到自然环境（如自然资源短缺、环保费用上升等）、经济环境（如用户收入水平、消费倾向等）、人口环境（如人口总量、人口结构等）、社会文化环境（如用户的生活方式、社会阶层的构成等）、科学技术环境（如平均产品寿命周期缩短、微电子技术与网络技术发展等）和政治法律环境（如法律及政策法规等）等因素。宏观市场环境的分析方法是 PEST 分析法。

PEST 分析法是一种用于评估宏观市场环境的工具，用于识别和分析影响企业的外部因素，有助于企业了解外部环境对其业务的影响，识别机会和挑战，制订相应的战略和决策。PEST 代表政治（Politics）、经济（Economy）、社会（Society）、技术（Technology）4 个方面的因素。

- **政治因素：** 包括政府政策、法律法规、政治稳定性、税收政策、贸易规定和政府对产业的干预。政治因素对企业经营环境和市场竞争产生重要影响，因此企业需要深入了解政治因素的变化和趋势。
- **经济因素：** 包括通货膨胀率、汇率、利率、经济增长率、失业率、用户信心等因素。经济因素会直接影响企业的成本、企业的价格策略和市场需求，因此企业有必要了解经济因素的发展情况。
- **社会因素：** 包括人口统计、文化价值观、社会趋势、用户习惯和社会变革。企业需要了解目标市场的社会特点，以便更好地满足用户需求。
- **技术因素：** 包括科技发展、创新趋势、技术可用性和竞争技术。技术因素会对产品开发、产品生产和市场推广产生深远影响，因此了解技术趋势和创新至关重要。

（2）微观市场分析。

微观市场分析是指对直接影响企业市场运营的内部和外部要素进行深入研究和评估。其目标是深入了解企业周围的市场环境，识别机会和挑战，制订相应的市场战略，以更好地满足用户需求，提高市场竞争力。微观市场分析主要聚焦于与企业紧密相连的各主体，包括企业自身、供应商、营销中介、用户、竞争者以及社会公众等。

- **企业自身：** 分析企业的内部因素，包括组织结构、管理团队、资源、资金状况、产品或服务特点、品牌形象和市场定位。
- **供应商：** 考察企业的供应商，包括供应商的质量、可靠性、报价和交货时间等，确保产品或服务的质量和可靠性。
- **营销中介：** 研究与企业合作的渠道伙伴，如分销商、零售商、广告代理商等，确保产品或服务能够有效地进入市场。
- **用户：** 分析目标市场的用户，包括他们的需求、喜好、购买行为、消费习惯和反馈。
- **竞争者：** 研究市场中的竞争者，包括其市场份额、产品特点、价格策略和广告战略，以便制订竞争策略。
- **社会公众：** 关注社会公众的态度和反应，倾听社交媒体和用户的声音，维护企业声誉和品牌形象。

2.1.2　分析用户

互联网文案能吸引众多用户注意的前提是文案人员了解用户，即洞察用户心理、了解用户的消费习惯等。因此文案人员有必要分析目标用户，包括分析购买意向、购买心理等，构建用户画像，写出更能打动用户的文案，从而促使用户做出购买决策。

1．分析购买意向

购买意向反映了用户对特定产品或服务的倾向。购买意向可能会受到多种因素的影响，主要有以下3个因素。

（1）环境因素。

用户所处的环境和情境会影响其购买意向。例如，自然环境中的高海拔或热带地区，或社会环境中的购物场所的氛围，以及经济状况都可以对购买意向产生影响。例如，夏天天气炎热，用户就容易对冰镇饮料产生购买意向。

（2）产品因素。

产品本身的特点、品质、价格、品牌声誉等都是影响用户购买意向的重要因素。用户通常更愿意购买那些符合需求、质量可靠、价格适中的产品。

（3）用户个人因素。

用户的个人特点和背景也会影响其购买意向，包括年龄、性别、教育水平、职业等因素。不同的用户群体可能对同一产品有不同的购买意向。当前很多企业或品牌会通过用户调研、收集后台数据等方式来获取用户的个人信息，通过分析用户需求、偏好、行为等，判断其购买意向。

2．分析购买心理

互联网文案的根本目标是促进产品销售，文案人员可以对用户的购买心理进行分析，撰写更加符合用户需求的文案。用户的购买心理主要有以下9种。

（1）好奇心理。

好奇心理是比较常见的一种心理，不同人的好奇心的强烈程度不同，因此会产生不同的购买行为。好奇心旺盛的用户一般比较喜欢追求新奇事物，是各种潮流产品的常客。这一类型的用户通常是青年用户，相对于产品是否经济实惠，他们更看重产品能否满足自己的好奇心。针对这类用户，文案需要体现新奇感或悬念感，如"神秘盲盒，开盒有惊喜"。

（2）从众心理。

从众心理是指个体在社会群体或周围环境的影响下，不知不觉或不由自主地与多数人保持一致的社会心理现象。具备这种购买心理的用户会认为大家都在用的产品品质是有保障的。面对这一类型的用户，文案人员可以重点宣传产品销量高、重复购买用户多等，吸引用户购买，如图2-1所示。

图 2-1　宣传产品销量高的文案

（3）习惯心理。

很多用户在购物的过程中会形成一定的购物习惯或购买倾向，如偏向于购买某个品牌的产品，只购买价格不超过某个范围的产品，选择购买曾消费过的店铺的产品等，这种购买心理即习惯心理。要想吸引这类用户的注意，文案人员可以强调品牌的持续优势和不变的核心价值等，增加用户对品牌的信任。例如，"经典口味，陪伴一代人成长，品质依旧"这个文案强调了产品的长时间陪伴，很容易吸引具有习惯心理的用户。

（4）报酬心理。

报酬心理是指用户想要犒劳自己或感谢别人的心理，这种心理一般都"压"在用户心里，很多时候是由企业进行情感引导后产生的。面对这类用户，文案人员要注意引起其情感上的共鸣。例如，"你的努力，值得最好的奖赏"这个文案就能很好地引发用户的报酬心理。

（5）实惠心理。

具备实惠心理的用户追求的是产品的物美价廉，他们一般看重产品的功能、价格和实用性，且购买能力较强。面对这类用户时，文案人员可以通过展示或对比产品的价格和功能来表明产品的高性价比，或在文案中添加促销信息，如"满两件打8折""第二件半价"等，提高文案的吸引力。

（6）比较心理。

比较心理是指在有同类产品或更多选择的情况下，用户往往会选择最优选项的消费心理。面对这类用户，文案人员要注意突出产品的核心卖点，让产品成为最优选项。例如，某电子书阅读器的文案为"阅读体验，媲美纸书""强大功能，更胜纸书"。

（7）崇美心理。

崇美心理是一种用户关注产品欣赏价值或艺术价值的购买心理。拥有这类心理的用户既关注产品是否实惠耐用，又关注产品是否能美化生活，是否具备造型美、装饰美或包装美等。面对这类用户，文案人员需要强调产品的欣赏价值。例如，图2-2所示的文案通过强调产品的颜值和质感，迎合了用户的崇美心理。

图 2-2　强调产品颜值和质感的文案

（8）恐惧心理。

恐惧心理是指对某些事物或特殊情境产生比较强烈的害怕情绪。因为缺少安全感，所以用户会选择有安全保障的产品或服务。在写作互联网文案时，文案人员可以先引发用户的恐惧心理，然后再为其提出解决方案，促使用户产生购买行为。例如，图 2-3 所示的消毒液文案就首先告诫用户衣服洗完后仍然有可能残留细菌和螨虫等，引发用户的恐惧心理，然后再介绍消毒液的杀菌功能，引导用户购买产品。

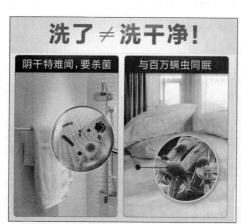

图 2-3　引发恐惧心理的文案

（9）名人心理。

名人心理是指追求名人效应的一种心理现象。名人效应是指名人的出现所达成的引人注意、强化事物、扩大影响的效应，或用户模仿名人的某些行为或习惯的心理现象的统称。邀请名人代言、利用行业权威人士宣传产品等都是常见的利用名人效应的营销手段。例如，网店产品文案标题使用"××（名人）同款"的描述方式，以吸引具有名人心理的用户的关注。

3．构建用户画像

构建用户画像是一项重要的市场调研和用户分析工作，它有助于企业更好地理解目标用户，以便更好地满足用户需求。用户画像是对特定目标用户群体的综合描述，通常包括用户的基本信息、兴趣爱好、需求和目标等多个方面的信息。对文案人员而言，构建用户画像，明确产品的目标用户属于哪一类群体，在购买能力、行为上有什么特征，有助于写出更有针对性的互联网文案。

通常来说，用户画像包含以下内容。

- **基本信息**：用户的基本信息，如年龄、性别、地理位置、婚姻状况、职业等。
- **兴趣爱好**：用户的爱好、兴趣和消遣活动，如喜好的运动、电视剧、户外活动等。
- **需求和目标**：用户的需求、期望和目标，包括他们使用产品或服务时希望解决的问题或达到的目标。
- **消费习惯**：用户的购买行为、购物偏好、购买频率、购买渠道以及购买决策过程。
- **在线行为**：用户在互联网上的行为，包括他们在社交媒体上的活动、搜索习惯、访问的网站和应用程序等。
- **教育水平**：用户的受教育程度、学历和教育背景。
- **家庭状况**：用户的家庭结构、家庭收入等。
- **购买力和消费能力**：用户的经济状况、购买力和消费习惯。

构建用户画像后便可为其贴上"标签"，通过"标签"对用户进行分类。例如，某售书平台的用户受教育程度较高，喜欢阅读文学作品、欣赏艺术展览，关注独立音乐、独立电影和艺术表演，热衷于创作和表达，喜欢在社交媒体上分享创作成果、读书心得和艺术赏析。同时，该用户积极参与社会活动和公益事业，对手工艺品和艺术品有浓厚兴趣，愿意为独特的文化和艺术体验买单。最后经过分析，文案人员可以为这部分用户贴上"高素质""文艺青年""文化消费"等标签。

2.2　互联网文案的创意

在信息爆炸的今天，互联网上每天都会产生海量的文案，要想文案脱颖而出，受到更多用户的关注，创意是必不可少的。创意是引起用户注意、激发用户购买欲望的关键，是文案的"点睛之笔"。

素养提升

党的二十大报告多次提到创新，如"必须坚持守正创新""坚持创新在我国现代化建设全局中的核心地位"等，说明了创新在国家发展中的重要性。文案人员作为国家发展的重要人才，更应该意识到创新的重要性，积极培养创新能力，以增强自己在社会中的竞争力。

2.2.1 策划创意的过程

策划创意的过程是一个独特而富有启发性的过程，它不仅要求文案人员不断地挑战固有的思维模式，还要求文案人员具备灵活性和创新性。

1．识别问题

文案人员要多角度、多方位地思考面临的问题，将需要解决的问题弄明白并界定清楚。这些问题可能是实际存在的问题，如产品销量下滑、品牌形象不佳、市场竞争激烈等；也可能是潜在的问题，如市场需求变化、技术发展带来的挑战、未来可能出现的竞争等。

2．设定目标

在设定目标阶段，文案人员要明确创意的目的和期望达到的效果，包括具体的指标和预期效果（如增加多少销售额、吸引多少新用户等），为创意开发提供方向，以更好地聚焦资源、找准切入点、提高效率以及启发思维。

3．生成创意

在此阶段，文案人员要大胆打开思路，跳出常规思维框架，尽情展开联想，结合特定的创意生成方法，产生大量的创意和想法。

4．选择创意

在这个阶段，文案人员需要从前一阶段产生的诸多创意中选择最合适的创意。文案人员可以根据创意的新奇程度、与目标的关联程度、可行性、成本等方面进行选择。

5．优化创意

针对选择好的创意，文案人员可以通过团队讨论、征求专家意见、小范围测试等方式来评估创意，根据反馈意见来进行优化，最终确定创意，并付诸实施。

例如，一家高端家具品牌希望通过宣传来提升品牌的形象和销量。其策划创意的过程如下。

（1）识别问题。该品牌面临的问题是如何提高市场竞争力，传达其产品高端、舒适和环保的特点，吸引更多用户的关注。该品牌主要竞争对手都采用传统的广告方式，因此，为了脱颖而出，该品牌需要一个新颖、独特的广告创意。

（2）设定目标。根据该问题，广告创意的目标可以设定为提高品牌知名度（微博增粉 5 万个）和增加销量（月销量增长 5%）。

（3）生成创意。团队成员进行头脑风暴，提出了一些创意，包括：撰写一篇关于品牌创始人的文章，讲述其如何将舒适和高端的理念融入家具设计中；撰写一篇高端家具可以提升生活品质的文章，植入品牌产品广告；撰写一些高端家具搭配指南或装修建议，植入品牌产品广告；模拟用户和产品之间的对话，将产品拟人化，在对话中展示产品特点；与艺术家合作设计一款具有品牌特色的家具。

（4）选择创意。在众多创意中筛选出合适的创意，综合考虑其新奇程度、与目标的关联程度、可行性、成本等因素，最终认为模拟用户和产品之间的对话更新奇，可行性也较高，确定将其作为最终创意。

（5）优化创意。安排团队讨论创意，并邀请部分资深人士提意见，最终将创意优化为：模拟用户走进一个大房间，在房间走动的过程中与品牌多个产品进行对话，对话主要体现品牌产品对生活品质的提升作用。

2.2.2　生成创意的方法

创意是文案写作过程中的关键因素，通过使用正确的创意方法，文案人员可以快速生成创意。

1．九宫格思考法

九宫格思考法是一种有助于扩散思维的思考策略，首先将主题写在九宫格中央的格子里，然后把由主题所引发的各种想法或联想写在其余格子内。九宫格思考法是促使创意产生的简单练习法，有助于扩散思维，在写作文案、策划方案时较为常用。文案人员使用九宫格思考法生成创意时可以按照以下步骤进行。

（1）拿一张白纸，先画一个矩形，然后将其分成九个大小相等的格子，再将主题（产品名等）写在正中间的格子内。

（2）将与主题相关的想法写在其余的8个格子内，尽量用直觉思考。填写方法有两种：一种是顺时针填写，将要点按想到的顺序填进格子；另一种是随意填写，这种方法有助于充分地发散思维，促使灵感产生。如果8个格子填不满，可以多加思考，打开思路；如果8个格子不够填，则可以多画几个九宫格，然后再去粗取精，整理成一个九宫格。

（3）反复思考、自我辩证，确定写出的点是否必要、明确，内容是否有重合，反复修改直到满意为止。若想法很多或某个想法还可以延伸，则可以多用两张纸，写完后再去粗取精。

例如，某国产品牌文案人员打算写作与"中国文化"有关的文案，需要确定写作切入点，现使用九宫格思考法生成创意，如图2-4所示。

京剧	剪纸	中国结
书法	中国文化	汉服
春节	梅兰竹菊	茶

图2-4　使用九宫格思考法生成创意

✎ 课堂活动

某手机品牌打算为主打摄影功能的新款手机写作推广文案，请以"拍照"为主题，使用九宫格思考法生成创意，为文案搜集写作切入点。

2．头脑风暴法

头脑风暴法是现代创造学奠基人亚历克斯·奥斯本提出的一种创造能力的集体训练法，鼓励人们打破常规思维，无拘束地思考问题，从而在短时间内产生新观念或激发创新设想。头脑风暴法的实施方式通常是举行一个研讨性的小型会议，使与会者可以畅所欲言，相互启发，产生更多创意想法。头脑风暴法的实施要点如表2-1所示。

表2-1　头脑风暴法的实施要点

构成要点	实施要点
会前准备	会议要有明确的主题；要提前告知与会者会议主题，让与会者有一定的准备；让与会者清楚会议提倡的原则和方法；选择主持人，主持人要负责引导会议并确保与会者遵循基本规则
参会人数	最佳参与人数为10～12人，最多不超过15人
会议时长	一般控制在20～60分钟
人员配置	设置一名主持人主持会议，但对设想不做任何评论；设置1～2名记录员，完整记录所有与会者的想法，并进行归类；注意其他与会者最好由不同专业或不同岗位的人员组成
会议要求	不要在思考过程中评价设想，要在完成头脑风暴后再进行评价；尽可能多地说出设想意见，不要害怕意见不被采纳；看法可以越多越好，更看重看法的数量，而不是质量；提倡自由发言，鼓励巧妙地利用和优化他人的设想

素养提升

文案人员在头脑风暴等团队活动中，要保持开放的心态，善于倾听不同的意见和想法，积极反思自己的思维局限，学会站在不同角度思考问题，以提升创新能力。

3．元素组合法

元素组合法是一种创新的思考方式，它是指将两个或多个不同旧元素（可以是有形的物体，也可以是无形的声音、感觉等）进行组合，以产生新的创意或解决问题的方法。组合可以是简单的加法，也可以是复杂的化学反应。旧元素可以让人有熟悉感，新组合又能让人产生新奇感。旧元素的新组合，可以激发用户产生"居然可以这样"的感叹，从而引发传播。

例如，如果要为一个陶瓷品牌写作文案，可以将传统元素（传统陶瓷工艺、工匠精神）与现代元素（人工智能）进行组合。例如，在未来时代，人类向机器人介绍陶瓷制作工艺，在人与机器人对话的过程中，机器人逐渐理解了什么是工匠精神，由此引出品牌名称、传递品牌价值观等。

在运用元素组合法时，文案人员可以通过思考以下问题打开思路。

● 各元素之间有什么共通点？

● 如果这些元素存在于同一空间，会发生什么？

● 如果这些元素融合成一个事物，会是什么样子？

> 课堂活动
>
> 按照元素组合法的原理，根据词卡内容进行创新思维训练。
>
> （1）在词卡上写下任意词语，可以是实词，如桌子，也可以是虚词，如幸福。
>
> （2）随机抽取 3 张词卡，根据抽到的词语创作一个全新的故事。
>
> 例如，抽到的 3 个词分别是飞船、音乐和雨景，据此创作出故事：在未来世界，一位冒险家驾驶着飞船去探险，突然遇到了暴雨，他拿出了自己的随身音箱，一边听着美妙的音乐，一边观赏窗外的雨景。

4．特征夸张法

特征夸张法是通过夸大对象的品质或特性的某个方面，让文案更具吸引力和感染力，包括正向特征夸张和反向特征夸张。

（1）正向特征夸张指对人们主观经验熟悉的事物特征进行正方向夸张，首先要抓住事物的主要特征，然后将其放大（如让大的更大、小的更小、长的更长）。例如，跳跳糖的主要特征是在口中产生跳跃的口感，那么通过正向特征夸张可以描述为吃完跳跳糖后可以跳到外太空。

（2）反向特征夸张指对人们主观经验熟悉的事物特征进行反向特征夸张。例如，某电子书阅读器的主要特征是体积小，通过反向特征夸张可以将其描述为一个空间无限延展的房间，以象征电子书阅读所代表的广阔世界。

需要注意的是，无论是正向特征还是反向特征，使用特征夸张法的时候都应做到足够夸张，即要使夸张的度明显超过正常的范围，体现一种荒诞的感觉，让用户意识到这是运用了夸张手法，避免出现因夸张不够而让人误以为真的情况。

> 课堂活动
>
> 某品牌打算为电动牙刷写作推广文案，该电动牙刷主打清洁能力强，其主要特征是刷头小，请使用正向特征夸张法生成创意文案。

2.2.3　创意在文案中的体现

创意是天马行空、不受约束的，但要真正打动用户，需要将创意落到实处，将其体现在文案中。创意在文案中的体现可以有很多方面，其中较常见的有语言表达、故事设计和视觉设计。

1．语言表达

创意在文案中的首要体现是在语言表达上。语言表达千变万化，创新的空间很大。

（1）运用修辞手法。

文案人员可以运用修辞手法，如拟人、夸张、比喻等，使文案的语言表达更加生动、形象、有趣，从而吸引用户的注意力并给用户留下深刻印象。以拟人手法为例，文案人员可以将产品或服务拟人化，让它们拥有人的情感和特质，从而吸引用户的注意力并使用户产生共鸣。例如，推广智能手表的文案将智能手表描述为在各种场景下陪伴左右的"搭子"，如徒步"搭子"、旅游"搭子"、吃饭"搭子"等，通过将手表拟人化，表现智能手表的人性化与多功能，促使用户产生购买欲望。

（2）创造新词汇或短语。

文案人员可以在文案中创造新词汇或短语，让文案更加独特和令人难忘。例如，某家具品牌推广沙发椅的文案为"怎么样都可椅"，通过谐音文字创造新短语，突出了产品给人的惬意感。

（3）改写熟知语句。

文案人员可以改写人们所熟知的诗词、俗语、名言以及网络用语等，将品牌名等信息合理地融入其中，给人眼前一亮的新奇感。例如，将名言"世上无难事，只怕有心人"改为"家装无难事，只要有××平台"。

2．故事设计

故事对用户有很强的吸引力，很多文案人员都会将自己的创意体现在故事中。在文案中进行故事设计的一种方式是使用创意性、带有奇幻色彩的故事设定，如设定主角变身小矮人来到微观世界与昆虫对话；主角被困在同一天重复同样的行为；主角获得超强的能力并完成自己的使命；主角与动物互换身体；等等。

另一种方式则是设置情节反转。文案人员可以通过出乎意料的情节发展来吸引用户的注意力，打破传统的叙事逻辑和用户的思维惯性，让用户产生出乎意料之感。文案人员可以通过人物性格、行为、形象的转变或反差来设置反转剧情，如外表朴素的老奶奶实际上是乔装打扮的公司高管；也可以安排不按常规套路发展的结尾，如小狗可怜巴巴地挡在门口阻止主人关门，让用户以为小狗舍不得让主人离开，结果剧情反转，主人只是去厨房做饭，关门是避免小狗捣乱。

3．视觉设计

创意在文案中也可以体现在视觉设计上。文案人员通过运用图形、图像、色彩等元素，将文案所要表达的信息以视觉化的方式呈现出来，使用户能够更加直观地接收和理解文案所要传达的内容。视觉设计上的创意可以大致分为文字创意和图片创意。

（1）文字创意。

文字创意是根据文字的特点将文字图形化，为文字增加更多的想象力效果，如将文字与相关图案结合形成有趣的图形，使用形状包围文字、采用图案挡住文字笔画等。例如，图2-5所示的海报中将"福"字分别设计为考试桌面和考勤打卡机图案，丰富了"福"字的视觉效果。

图 2-5　文字创意

（2）图片创意。

用图片来展现创意往往能给用户带来眼前一亮的感觉，因为图片具有强烈的视觉冲击力，能够使用户产生深入了解图片信息的冲动。图片除了要能够展现创意，还需要与产品和品牌合理结合，通过形象化、场景化的效果打动用户，从而达到宣传产品或品牌的效果。

 案例分析：教师节品牌创意视觉设计

教师节临近时，很多品牌在网上发布了相关的文案，其中不乏视觉设计优秀的作品，如图 2-6 和图 2-7 所示的汽车品牌海报和木门品牌海报。

图 2-6　汽车品牌海报　　　　图 2-7　木门品牌海报

案例点评：汽车品牌海报使用与教师相关的元素——粉笔，并将粉笔画出的一条曲线作为汽车向前行驶的轨道，表达教师指引人们前进的寓意。木门品牌海报将教师的形象置于充满光明的大门前，寓意教师为人们打开通往广阔世界的大门。

2.3　互联网文案的写作思维

好的文案离不开文案人员的创造力，而创造力又与思维方式紧密相关。文案人员善于运用不同的写作思维可以实现创新，为文案添彩，还可以锻炼文案人员的思维能力，提高文案人员的写作水平。

2.3.1　发散思维和收敛思维

互联网文案的创意不仅来自想象力，还取决于写作思维的灵活运用，文案人员要想创作出优秀的互联网文案，可以灵活使用发散思维和收敛思维。

1．发散思维

发散思维亦称扩散思维、辐射思维，是指在创造和解决问题的思考过程中，从已有的信息出发，尽可能地向各个方向扩展思考，并不受已知或现存的方式、方法、规则和范畴的约束，求得多种不同的解决办法，衍生出各种不同的新的设想、答案或方法的思维方式。

进行发散思维需要有充足的想象力。例如，以曲别针展开想象，从它的作用出发，一般会想到它可以用来装订书页、当别针、做书签。运用发散思维进行联想，它还可以当钥匙扣、临时鱼钩，或挂日历、挂窗帘、扭成心形做装饰等。另外，它还可以被加工成弹簧等。

发散思维在文案写作中的运用主要体现在前期构思和策划阶段，合理运用发散思维有助于拓展思路、激发创意，为文案注入更多的活力和吸引力。

2．收敛思维

收敛思维又称求同思维，是指从已知信息中产生逻辑结论，从现有资料中寻求正确答案的一种有方向、有条理的思维方式。它与发散思维正好相反，是一种异中求同、由外向里的思维方式。例如，科学家在科学实验中，要从已知的各种资料、数据和信息中归纳出科学的结论；公安人员在破案时，要从各种迹象、各类被怀疑人员中发现作案人和作案事实等。收敛思维常常用于分析资料、写作文案正文和审查与修改文案。

（1）分析资料。

文案人员对收集到的资料进行分析时，可以运用收敛思维，从资料中提炼出有逻辑性的结论。

（2）写作文案正文。

文案人员在写作文案正文时应该运用收敛思维，确定核心主题，确保每一段落都紧扣主题，避免出现不相关的内容。同时文案人员要注意语言的简练和准确，避免使用冗余词汇。

（3）审查与修改文案。

完成文案后，文案人员可以运用收敛思维审查和修改文案，精简复杂的句子结构，删除不必要的修饰语和冗余词汇，以提升文案的简洁度和可读性。

2.3.2　顺向思维和逆向思维

顺向思维就是常规的、传统的思维方法，是指人们按照传统的从上到下、从小到大、从左到右、从前到后、从低到高等常规的序列方向进行思考的方法。运用顺向思维能给人因果关系明确、有理有据的感觉。例如，文案"因为专注，所以卓越""前后2000万像素，拍照更清晰"就运用的是顺向思维。

然而，顺向思维也有局限性，因为人们对其已经习以为常，不会感到惊喜，所以使用顺向思维写作文案可能会缺少冲击力。此时则可以使用逆向思维。逆向思维也叫求异思维，是对人们几乎已有定论的或已有某种思考习惯的事物或观点进行反向思考的思维方式。逆向思维敢于"反其道而思之"，让思维向对立的方向发展，从问题的相反面进行探索，从而找出新创意与新想法。使用逆向思维写作的文案很可能带给用户眼前一亮的感觉。

例如，某鱼火锅的文案标题"好身材都是吃出来的！"就运用了逆向思维。因为大多数人都认为吃得多会长胖，而该文案标题从原有思维定式的对立面出发，得出了一个令人出乎意料的结论，吸引用户继续阅读文案，在文案正文中叙述得出该结论的原因——吃营养丰富、热量低的食物有助于保持好身材。

📈 2.4　课堂实训

实训一　使用九宫格思考法生成奶茶创意文案

某奶茶品牌在秋季推出了一款桂花奶茶，主打特色桂花香，风味独特，热量很低。该品牌打算写作一句简短的文案推广该款奶茶，现需要确定写作切入点。

1．实训目的和要求

通过本次实训，掌握九宫格思考法的运用，具体要求如下。

（1）运用九宫格思考法为该品牌的桂花奶茶罗列多个写作切入点。

（2）选择一个创意点，形成创意并输出简短且易识别和记忆的文案。

2．实训步骤

根据实训要求，运用九宫格思考法生成创意，具体操作步骤如下。

STEP 01 ◊ **运用九宫格思考法罗列创意点。** 准备一张白纸，并在其中画一个矩形，再将矩形划分为九个大小相等的格子，在中央的格子写上文案主题"桂花奶茶"，在其他空白的格子中填写创意点。运用九宫格思考法罗列创意点如图2-8所示。

桂花香气	金秋十月	与桂花相关的历史典故
制作过程	桂花奶茶	"桂"与"贵"谐音
低热量饮品	与桂花相关的诗句	桂花品种

图2-8 运用九宫格思考法罗列创意点

STEP 02 ◊ **修改创意点。** 经过反复思考，认为"与桂花相关的诗句"和"与桂花相关的历史典故"可以合并为"与桂花相关的文化元素"，同时补充一个创意点"桂花食品或饮品"。

STEP 03 ◊ **将创意点输出为文案。** 在上面生成的创意点中选择一个作为写作切入点，由于文案要求简短且易识别和记忆，因此这里可以选择"'桂'与'贵'谐音"这个创意点，运用谐音并结合双关修辞手法，构思简短的文案——喝桂花奶茶，吸"桂"气，接好运。其中，"桂"气可以指桂花香气，也可以指"贵"气，与"接好运"相呼应。

实训二　使用元素组合法生成奶茶创意文案

桂花奶茶推出后收获了不错的反响，该奶茶品牌打算加大宣传力度，写作一篇故事文案进行推广，现需要确定写作切入点。

1．实训目的和要求

通过本次实训，掌握元素组合法的运用，具体要求如下。

（1）构思多种组合方式。

（2）选择一种组合方式并形成创意，根据创意构思故事文案。

2．实训步骤

根据实训要求，运用元素组合法生成创意，具体步骤如下。

STEP 01 ◊ **构思组合方式。** 元素组合法要将两个或多个不同旧元素进行组合，对本实训的桂花奶茶而言，可以形成的组合很多，包括自然界中的桂花元素（自然）与人工奶茶制作过程（人工）的组合，桂花人文传统（古代）与奶茶所代表的都市生活方式（现代）的组合，桂花奶茶的低热量特点（健康）与桂花奶茶浓郁风味（美味）的组合等。

STEP 02 ◊ **选择组合方式。** 经过思考，从上述创意点中选择桂花人文传统（古代）与奶茶所代表的都市生活方式（现代）的组合。这主要是考虑到桂花有丰富的历史文化内涵，可供发挥的创意空间很大，古代与现代的反差也很大，二者组合能碰撞出更多创意的火花。

STEP 03 ◐形成创意。就传统方面而言，与桂花相关的历史文化元素很多，这里从诗句"人闲桂花落，夜静春山空"中提取元素"闲"，并扩充为"悠闲"，相应地将都市生活的元素确定为"繁忙"。

STEP 04 ◐构思故事。根据创意，古代与现代分别对应着"桂花、悠闲"与"奶茶、繁忙"，将二者结合起来完成故事构思：忙得焦头烂额的现代人喝了一口桂花奶茶，瞬间变身为古人，在古代庭院内的桂花树下短暂休息，悠闲地品味着桂花奶茶。

2.5 课后练习

1．选择题

（1）【单选】（ ）的实施方式通常是举行一个研讨性的小型会议，使与会者可以畅所欲言，相互启发，产生更多创意想法。

  A．九宫格思考法   B．头脑风暴法

  C．团队协商法   D．灵感发散法

（2）【多选】用户画像的内容包括（ ）。

  A．基本信息   B．兴趣爱好

  C．教育水平   D．消费习惯

（3）【多选】用户的购买心理包括（ ）。

  A．从众心理   B．实惠心理

  C．求异心理   D．好奇心理

2．填空题

（1）PEST 代表_____、_____、_____、_____ 4 个方面的因素。

（2）_____就是常规的、传统的思维方法，指人们按照传统的从上到下、从小到大、从左到右、从前到后、从低到高等常规的序列方向进行思考的方法。

（3）策划创意过程的步骤包括_____、_____、_____、_____。

3．判断题

（1）头脑风暴法实施过程中可以评价设想。   （ ）

（2）收敛思维是指在创造和解决问题的思考过程中，从已有的信息出发，尽可能地向各个方向扩展思考。   （ ）

（3）文案人员可改写人们熟知的诗词、俗语等，以体现创意。 （ ）

4．实践题

（1）图2-9所示为某充电宝的用户评价，请分析其分别体现了怎样的购物心理。

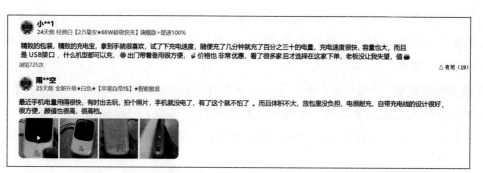

图2-9　某充电宝的用户评价

（2）某家电品牌打算写作文案推广洗碗机，需要确定写作切入点，请组织10名左右的同学，通过头脑风暴法生成创意文案。

互联网文案的写作方法

学习目标

- 掌握互联网文案标题、开头、正文和结尾的写作方法。
- 能够写作一篇完整的互联网文案。

素养目标

- 提高法律和道德意识，不做"标题党"，不写作违背主流价值观的内容。
- 养成积累写作素材的习惯，提高文案写作能力。

知识结构图

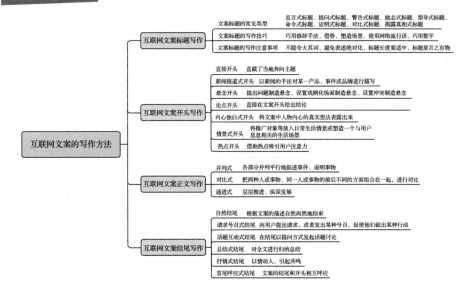

3.1 互联网文案标题写作

罗伯特·布莱认为，标题是广告的一部分，其功能在于引起注意能起到吸引用户购买产品的作用。在互联网时代，面对海量的信息，人们养成了碎片化阅读的习惯，往往只会关注瞬间就能抓住眼球的信息，因此文案标题的重要性日益凸显。只有文案标题有足够的吸引力，用户才会进一步浏览后面的信息，进而查看和关注产品、品牌、活动等信息。因此，文案人员在写作文案时，首先应该掌握文案标题的写法。

扫一扫

罗伯特·布莱关于标题创作的"4U理论"

3.1.1 文案标题的常见类型

优秀的文案标题都有一些共同的特性和写作模式，掌握这些特性和写作模式可以帮助文案人员写作出具有吸引力的标题，从而提高文案的点击率。

1．直言式标题

直言式标题就是直接点明宣传意图的标题，这种标题通常开门见山，直接告诉用户会获得哪些利益或服务，让用户一看标题就知道文章的主题是什么，如活动促销文案、产品上新文案等就常用这种标题。以下为直言式标题的常见示例。

- 官宣！原创音乐剧《××》演员阵容公布。
- 优惠来啦！成都到多地的特价机票，低至199元！
- ××手机今日正式开售！

2．提问式标题

提问式标题即用提问的方式来引起用户的注意，引导他们思考问题并引发其阅读全文的兴趣。文案人员在使用提问的方式来拟定标题时，要从用户关心的利益点出发，这样才能引起他们的兴趣。提问式标题的"提问"有多种方法，如设问、反问、疑问等。以下为提问式标题的常见示例。

- 养生难道不是老年人才关注的话题吗？这届"90后"的操作让我大吃一惊。
- 为什么你精心拍摄的短视频没人看？听听短视频达人怎么说。
- 如何只花7天时间成为Excel高手？这篇文章告诉你。

3．警告式标题

警告式标题是通过严肃、警示、震慑的语气来说明内容，以起到提醒、警告的作用，常用于对事物的特征、功能、作用等属性的描述。警告式标题对具有相同症状或心里有某种担忧的用户来说，可以给予他们强烈的心理暗示，引起他们的共鸣。需要注意的是，警告式标题可以有一定的夸张成分，但不能扭曲事实，要在陈述事实的基础上，以发人深省的内容、严肃深沉的语调给用户以暗示，使其产生一种危机感，进而让用户忍不住点击标题阅读文案。以下为警告式标题的常见示例。

- 不要再忽视了！你的工作效率正在被这些坏习惯拉低。
- 如果你还在用这种水壶装热水，那就赶紧停止！否则有可能中毒。
- 远离这些精加工食品，不要让它们毁掉你的健康！

4. 励志式标题

励志式标题是指从自身或他人的角度出发，以现身说法的方式告诉用户怎样才能达到某种效果。当然，借鉴的人或事需要有一定的激励性与可行性，最好是成功人士的创业故事、经验分享或其他具有激励性的故事。这种类型的标题可以使用"××是如何×××的"或"××的××"等形式写作。以下为励志式标题的常见示例。

- 从失业饿肚子到助力家乡建设，直播让农村小伙走出新的人生道路。
- 克服舞台恐惧，一个内向女孩登上演讲台的心路历程。
- 说说我是如何从普通程序员成为百万粉丝级美食博主的。

5. 指导式标题

指导式标题用于对某一具体问题提供解决的建议和方法。这种标题通常会包含"如何""步骤""方法""技巧"等关键词，并且会给出具体的操作指南或建议。文案人员在写作指导式标题时，需要从用户的角度出发，了解他们的需求和痛点，并给出切实可行的方法和建议。以下为指导式标题的常见示例。

- 如何备考公务员考试：高分考生分享的备考方法和经验。
- 四大步骤，让你轻松学会复制××新款奶茶。
- 这个"神器"，帮你轻松解决手机内存不足的问题。

6. 命令式标题

命令式标题的第一个词常为明确的动词，具有祈使的意味，可以让用户感觉到其重要性和必要性，从而产生点击行为。以下为命令式标题的常见示例。

- 转发这篇文章至朋友圈，即可免费获得全套PPT学习资源。
- 这个周末，来××有机果蔬集市，把属于这个季节的新鲜果蔬带回家。
- 快来××查收你的首单福利！

7. 证明式标题

证明式标题就是以见证人的身份阐释产品、服务或品牌的好处，增强用户的信任。证明的方式既可以是自证，也可以是他证。此种类型的标题常使用口语化的表达方式，语言自然通俗。以下为证明式标题的常见示例。

- 这本书教会了我怎样高效利用时间，非常推荐！
- 亲测！这款扫把真的超好用，不用弯腰就把家里打扫得干干净净。
- ××新款耳机开箱测评，音质真是惊艳到我了。

8．对比式标题

对比式标题是指将两个事物、产品、概念、时间点等进行对比，突出两者之间的不同之处，以制造反差，引发用户的好奇心，促使用户阅读全文以了解更多信息。以下为对比式标题的常见示例。

- 十年前 vs. 十年后，时间真的能改变一个人。
- 纸质书籍与电子书，哪个更适合你的阅读习惯？
- 遇到这种账目问题，普通财务人员和财务经理的处理方式的区别。

9．揭露真相式标题

揭露真相式标题是指揭露一些不为人知的秘密的标题。通常人们都有一种好奇心，而这种标题则通过揭秘给用户带来一种莫名的兴奋感，勾起用户的兴趣。揭露真相式标题通常会运用一些醒目的关键词，如秘密、秘诀、真相、背后、爆料、绝招等，以刺激用户的阅读欲望。以下为揭露真相式标题的常见示例。

- 科技行业内部消息：下一个黑马将是这家公司？
- 电影《××》制作幕后揭秘：特效到底花了多少钱？
- 爆料！××博主是这样走红的。

素养提升

在实际的文案写作中，标题的创作并不是一蹴而就的。要想写作一个吸睛的文案标题，文案人员需要不断地阅读和积累写作经验，并且善于收集和总结优秀的文案、创意标题等，建立自己的素材库，然后通过分析和研究优秀的标题来提高标题写作能力。

3.1.2　文案标题的写作技巧

除了要选择合适的标题类型，文案人员还需要灵活运用标题写作技巧，提升标题的吸引力。

1．巧用修辞手法

合理运用比喻、引用、拟人、夸张和双关等修辞手法不仅可以增加文案标题的吸引力和趣味性，还能使标题更有创意。

（1）比喻。

比喻是写作文案标题时常用的修辞手法，使用比喻除了可以使语言变得更加生动形象，还可以给用户留下深刻印象。文案人员需要将比喻灵活地运用到文案标题的写作中，或化深奥为浅显，或化抽象为具体，或化冗长为简洁，帮助用户更好地理解产品或品牌的特性。

使用比喻修辞手法时，要求喻体和本体应具有可比性和相似性，这样才能使文案标题起到形象生动、引人注意的作用。以下为使用比喻的文案标题的示例。

● 这家餐厅的美食是一场口味的交响乐，让你陶醉其中。

● 阅读这本小说是一场一个人的旅行，去探索未知的世界。

（2）引用。

引用就是把诗词歌曲、名言警句、成语典故、俗语方言等引入标题中，提高文案的文化底蕴，带给用户不同的感受。文案人员使用引用修辞手法时，可以直接引用原句，也可以引用原文大意，将其进行合理的改编。

例如，某视频的标题"秋水共长天一色，来欣赏大自然的奇妙景色吧"融入了经典诗词；某教育机构文案的标题"授人以鱼不如授人以渔：教育的真正目标"引用了谚语。

（3）拟人。

拟人就是把事物人格化，赋予事物以人的言行或思想感情，简单地说就是用描写人的词来描写事物。采用拟人修辞手法写作文案标题时，可以将产品、服务或品牌等人格化，让其形象更加生动，提高亲和力，使用户更容易接受。例如，某推广旅行包的文案标题为"××旅行包，你的忠实旅行搭子"；某推广智能音箱的文案标题为"这款音箱懂你的心"。

（4）夸张。

夸张是为了达到某种表达效果，将事物的形象、特征、作用等方面特意扩大或缩小的修辞手法。采用夸张修辞手法写作文案标题时，通常以挑战常识或制造冲突的方式体现，同时还会采用夸张的口吻进行表述，尽力表现出惊讶的情绪，渲染出意料之外的新奇。夸张既能增加文字的生动性，又能突出事物的本质和特征，激发用户的好奇心。例如，某厨房电器品牌的文案标题"隔着千山万水，都能闻到家里的汤汤水水"就夸张描述了嗅觉，充分勾起了用户的思乡之情。

（5）双关。

双关就是利用词的多义及同音（或音近）的条件，使语句有双重意义，即言在此而意在彼。双关可以使语言表达更含蓄、幽默，而且能加深语意，给用户留下深刻的印象。例如，某牛仔裤品牌的文案标题"不同的酷，相同的裤"，某钱包品牌的文案标题"你的钱，我包了"等用的就是双关修辞手法。

2．借势

借势主要是借助新的热门事件、新闻，如世界杯、奥运会、热播电视剧和时事热点等，以此为文案的写作灵感，通过大众对社会热点的关注，来引导用户对文案的关注，提高文案的点击率和转载率。以下为借势的标题示例。

● 大运会临近，除了去成都看"花花"，还有这些打卡地可以去。

● 2023年高考作文题速成：AI们5秒写出的高考作文，值不值得夸？

案例分析：品牌借势高考的文案标题

高考是全社会关注的大事，也是网络热点，很多品牌都会借势发布文案，吸引用户关注。例如，图 3-1 所示为某汽车品牌文案，其标题为"省了这么多油，这一次为你加油"；图 3-2 所示为某电器品牌文案，其标题为"'试'不可挡，未来长虹"。

图 3-1　某汽车品牌文案　　　　图 3-2　某电器品牌文案

案例点评：汽车品牌文案标题在"油"的多重含义上做文章，"省了这么多油"中的"油"指汽车加的汽油，而"为你加油"则是鼓舞考生之意，短短一句话既呼应了高考，又突出了汽车的卖点——省油，很好地宣传了产品。而电器品牌文案标题也有异曲同工之妙，"'试'不可挡"是化用了成语"势不可挡"，将"势"换为同音的"试"，呼应了考试，"长虹"则有双重含义，一是指品牌名称，二是传达出了对考生的美好祝福，强化了品牌形象。

3．塑造场景

在文案标题中，塑造场景能快速传达出品牌定位或产品价值，并且能唤起用户的场景联想，提高用户的购买欲望。例如，某高跟鞋品牌的文案标题为"穿上这双鞋，瞬间化身模特儿走上 T 台"；某旅游景点的文案标题为"来这里，与朋友们在湖边看星星、聊人生，留下美好回忆"。

4．使用网络流行语

网络流行语是指在一定的时间、范围内被网民在互联网上或者现实生活中广泛使用的词或词组等，一般由某些社会热点话题或热门事件形成，同时通过网友的广泛传播，引起大量用户对网络流行语的关注。在社交网络中，每年都会诞生大量的网络流行语，如"多巴胺穿搭""家人们谁懂啊""听劝""显眼包""主打一个陪伴"等。如果将这些网络流行语巧妙地与产品或品牌结合，并应用到文案标题中，自然就能引起用户的关注。以下为使用网络流行语的标题示例。

- 外卖界的"显眼包"——饿了么搞事情啦!
- 这届年轻人主打一个陪伴,今天你找"搭子"了吗?
- 来,教你轻松驾驭风靡全网的"多巴胺"穿搭。

5．巧用数字

数字具有直接、精确、直观的特点,在标题中使用数字能将模糊的信息具体化,给用户信息含量更丰富、专业度更高的感觉,增加文案标题的可信度。此外,数字的辨识度很高,能迅速抓住用户的眼球,特别是总结性的销量、折扣、时间、排名等数字,往往比文字更容易让人记住。以下为使用数字的标题示例。

- 小米 12 系列开售,5 分钟销售额破 18 亿元。
- 学会 6 个小技巧,让你感觉周末放了 3 天假。
- 10 年来,畅销世界的 100 本高评分好书。

3.1.3　文案标题的写作注意事项

标题对文案的重要性不言而喻,文案人员除了需要掌握标题必要的写作技巧,还需要避免一些写作误区,避免影响标题的质量和效果。

1．不能夸大其词

当今网络上文案众多,很多文案人员为了让自己的文案脱颖而出,便使用各种夸大其词的标题来夺人眼球,有的标题严重偏离事实,如"价值百万元的销售秘籍""一周瘦了 20 斤"等,有的标题则与内容关系不大或完全无关。这类标题虽然能够吸引用户点击,但是当用户发现标题与正文或实际不符后,就会产生反感,影响品牌和企业的形象与声誉。

2．避免表述绝对化

一些文案人员为了吸引用户的关注,可能会在标题中添加"最高级""最佳""第一""首次""极致""独家"等绝对化的词语,以凸显产品的价值,如"全球首发!绝无仅有的保温杯,你值得拥有"。然而根据《中华人民共和国广告法》的规定,这类绝对化的词语都属于敏感词,不能出现在文案标题中。因此文案人员在写作文案标题时应避免使用这类词语,以免用户产生误解。

 素养提升

《中华人民共和国广告法》规定,广告应当真实、合法,以健康的表现形式表达广告内容,符合社会主义精神文明建设和弘扬中华民族优秀传统文化的要求。因此,文案人员在写作文案时要避免出现虚假、敏感或违背社会公序良俗的内容,应积极传播正向内容,引导用户树立正确的价值观。

3．标题长度要适中

标题过短,可能不能完整地呈现信息,导致标题缺乏吸引力。而标题过长,则可能会导致标题显示不全，并给用户一种信息量很大的感觉，使用户失去阅读耐心。

要保持标题的长度适中，文案人员应在保留核心信息的基础上，合理地添加或删减字数、变换句式，或者用短词语替换长词语等。例如，"大半夜饿了馋了怎么办？来碗速食酸辣粉吧！酸辣爽滑，随时随地吃到重庆美味！"可以精简为"正宗重庆酸辣粉，酸辣爽滑，在家就能吃！"。

4. 标题要言之有物

部分文案人员可能会错误地以为在标题中使用华丽、"高大上"的形容词（如"价值非凡""优良品质""卓越不凡"等）来夸奖产品或品牌就会有吸引力，其实不然。这些词汇较为空洞，没有什么实际意义，较难引起用户的注意。文案标题最好平实、生活化一些，描述的事物要生动直观，多用动词、名词或具体的数字，少用抽象的形容词，最好让用户看一眼就能在脑海中构建出相应的场景。例如，"×× 充电宝容量大"的效果就不如"×× 充电宝，一周只充一次电"好。

✏️ 课堂活动

判断以下标题是否有误，若有误，请做出修改。

（1）××手机全网独家发售！就在今晚。

（2）超好用的扫把，快点进来了解一下吧！

（3）惊奇的产品！让你瞬间年轻十岁。

3.2　互联网文案开头写作

如果说文案标题是吸引用户跨进大门的招牌，那么一个好的文案开头就像一个精心布置的玄关。文案开头的重要性在于它起到了一个承上启下的作用，一方面与文案标题相呼应，另一方面引出文案正文。如果文案开头索然无味，用户很可能会直接丧失阅读兴趣。因此，掌握文案开头的写法对文案人员来说十分有必要。

✏️ 课堂讨论

针对下列问题展开讨论。

（1）根据你的理解，说说文案开头的作用。

（2）如果要推广一台扫地机器人，你会设计怎样的文案开头？

3.2.1　直接开头

直接开头就是开门见山，直截了当地奔向主题，也就是直接揭示文案主题思想或点明要说明的对象。它要求快速切入文案中心，将文案需要表达的内容直接描述给用户。若文案是推广某产品或服务，就应该直接表述某产品或服务是什么，有什么好处，能解决什么问题等。这种写作方法常以标题为立足点进行直接的阐释，避免用户产生落差和跳脱感。

例如，某网店公众号文案直接以"双十一"的活动时间、活动福利作为开头宣传品牌活动，如下所示。

亲爱的小伙伴们，"双十一"的活动截止时间为 11 月 11 日 22:00 哦。还没有下单的小伙伴抓紧时间了，只要"双十一"当天进店消费任意金额，就有机会赢取××手机哦！

3.2.2　新闻报道式开头

以新闻报道的方式来撰写文案的开头，可以增加文案的可信度，进一步增强营销效果。撰写新闻报道式的文案开头，需要以新闻的手法对某一产品、事件或品牌进行描写。例如，格力电器的文案开头就采用新闻报道式的写作方法，阐述其新研发的技术入选《广东省节能技术、设备（产品）推荐目录》（2023 年版）。其文案开头的部分内容如下所示。

近日，格力电器创新研发的铁氧体永磁辅助磁阻主驱电机及驱动技术、两联供地暖空调 AI 节能技术、高能效螺杆式蒸发冷却冷水机组 3 项技术，入选广东省能源局组织编制的《广东省节能技术、设备（产品）推荐目录》（2023 年版）。

撰写新闻报道式的文案开头，重点并不在于模仿新闻的写作形式，而是掌握文案内容的新闻性。即当推广对象包含令人们感到新奇的信息，或者它与某些新闻事件、新闻人物有联系时，通过借题发挥，以新闻文体的形式撰写文案开头。

总体而言，撰写新闻报道式的文案开头要做到以下 3 点。

（1）内容真实。撰写新闻报道式的文案开头，首先文案阐述的信息应是真实可靠的，并且要点明事件的起因和结果。同时，文案人员要对文案中的人名、地名、时间、数据和引语等内容进行核实，避免出现虚假的信息。

（2）突出有新闻价值的内容。有新闻价值的内容才叫新闻。撰写新闻报道式的文案开头时要去捕捉有新闻价值的信息，然后将这些信息以新闻报道的方式呈现，以便有效地吸引用户的注意力。

（3）适当使用背景材料。背景是新闻报道写作中的重要组成部分，常常能起到解释新闻和深化主题的作用。许多产品、服务或品牌由于历史悠久，积累了各种各样的背景材料，适当地使用这些背景材料，不仅可以丰富文案内容，还可以增强文案的说服力和吸引力。

3.2.3　悬念开头

悬念开头是文案写作中使用得较多的一种方法。以悬念开头往往能引起用户的好奇心，吸引其继续阅读。悬念开头的方法有以下 3 种。

1．提出问题制造悬念

通过提问引发用户的好奇心是常用的制造悬念的方法。例如，搜狗输入法的宣传文案的开头为"你一定知道，三个'水'垒在一起，念'miao'，但三个'水'并排排列，这个字念什么呢？"，就提出了一个关于生僻字读音、输入的问题（见图3-3），吸引用户思考文案究竟要介绍什么内容，引起用户的兴趣。后续该文案描述了人们因不认识生僻字而无法输入的痛点，进而引出对新功能——生僻字键盘的介绍，就显得顺理成章。

图3-3 提出与生僻字有关的问题

2．设置戏剧化场面制造悬念

戏剧化的场面能给用户提供想象的空间。例如，某品牌视频文案的开头为"他的周一总是开会，十分繁忙，可能错过午饭，还要加班。直到他发现自己被困在了同一天。他的每一天都有重来的机会，但这种情况重复了1020次"。该开头采取了一个类似"时间循环"的设定，新奇且能引发用户对故事走向的好奇，进而促使用户继续浏览文案来解开疑惑。

3．设置冲突制造悬念

在文案开头设置冲突也是制造悬念的常用方法。例如，某乳品品牌文案开头讲述了一对父子在街边因买画产生的争执——画标价100元，儿子执意要付150元，父亲表示不理解。该文案开头通过父子二人观念的差异来制造冲突，也留下了悬念——儿子为什么要多付钱买画。随着故事的进展，悬念才逐渐被揭开，原来是因为儿子的梦想是当一名画家，他从画家的角度认为该画值150元，而父亲则经历了从不理解到认同并支持儿子梦想的转变。

> 👤 **专家指导**
>
> 文案人员在设置悬念时还要注意以下几点：不要过早揭开悬念，应该随着文案内容的深入而层层展开；悬念的设置要精彩，最好有一些戏剧化的冲突；谜底要符合常理，且不能前后矛盾。

3.2.4 论点开头

论点开头即直接在文案开头给出结论，再在正文内容中给出论据，证明开头的结论。这种开头的好处是文案中心清晰、观点鲜明，能够迅速引起用户的兴趣，促使用户想要进一步了解为什么会得出这样的结论。需要注意的是，在使用这种开头方式时，论点必须要有足够的说服力和可信度。后续的内容应该能够提供充分的论据和解释，以支持和证明开头给出的结论。

例如，图3-4所示的文案就以"一个家庭的幸福，从停止抱怨开始"开头，然后在正文中通过举例等方式进行论证，十分具有说服力。

> 人生在世，总有各种各样的挫折和意外。
>
> 但总有人，能消化掉心中的戾气，从困苦里淬炼出甘甜。
>
> 和这样的人在一起，你能感受到当下的美好和周遭的温情。
>
> 生活如此，家庭亦然。
>
> 一个家庭的幸福，从停止抱怨开始。

图3-4 论点开头

3.2.5 内心独白式开头

内心独白式的文案开头就是将文案中人物内心的真实想法表露出来，或文案人员将自己作为事件的亲身经历者进行陈述。文案人员要在文案中写出内心独白，就需要将文案写成类似于戏剧性对白或作者的陈述的形式，向用户道出内心想法。一般来说，人物独白类的表达方式用户听起来会比较亲切，而且这类独白通常被认为是人物内心活动的真实反映，极易给用户留下情真意切的印象，引发用户的共鸣。

文案人员在写作内心独白式的文案开头时，可设置一人独白，也可设置二人对白以相互补充情节，同时还要描述出相对完整的心路历程，以确保内容的完整性。

👤 **专家指导**

采用内心独白的写作手法撰写互联网文案的开头时，要描述真实的情景，表达真实的情感，增强文案的可信度和感染力，使用户产生情感共鸣。例如，某求职平台的推广文案开头为："我叫××，一个每天忙得不可开交的求职者。每天，我有3件固定的事要做——面试、浏览招聘网站信息、接听人力资源的电话……"。

 案例分析：服装品牌的暖心文案

某服装品牌以母女二人内心独白的方式构成对话场景，发布了一则文案。文案内容如下。

母亲："我们家的孩子，总是爱偷懒又我行我素，

一直让我好担心，你到底在想什么啊？

虽然我总是唠叨，其实只要你在我身边，我就很感激了呀。

不知道为什么，明明平常一直说个不停，

但总是没能好好表达，应该好好对你说，你对我有多重要。"

孩子："我们家的妈妈，总是爱生气，性子又急，

真是不懂您在想什么。

当然在我的内心深处，我真的好感谢您，但那句话我却很难说出口。

是因为我们太亲近了吗？

觉得说出内心真实的声音，会让人感到很不好意思。

我真的觉得，很谢谢您呀。"

案例点评：该文案以母亲的内心独白开头，通过母亲的口吻述说了母亲对孩子的关心以及难以准确表达的爱意。接着，文案又通过孩子的内心独白，表达孩子对母亲未曾说出口的感谢。整个文案语言朴实却真挚感人，很容易引起用户共鸣。

3.2.6 情景式开头

情景式的文案开头可以直接在开头将推广对象等放入日常生活情景，通过对产品使用情景或接受服务场景的细致描述，渲染出用户渴求的情感氛围，快速地引起用户的阅读兴趣，让用户在不知不觉中融入情景，自然地接受推广对象。文案人员也可以先在文案开头塑造一个与用户息息相关的生活场景，即通过描述用户的日常生活来引起用户的共鸣，激发用户的阅读兴趣，然后自然地过渡到推广对象。

 案例分析：添添闺蜜机文案"哄自己开心的 10 件小事"

小度旗下的添添闺蜜机以"哄自己开心的小事"为主题，发布了一则温馨的文案"哄自己开心的 10 件小事"。文案的部分内容如下。

在大城市打拼，最重要的能力是随时能哄自己开心。

心情不好的时候就去逛逛超市，因为超市里有很多好消息。

或者去吃碗热气腾腾的面条，把三千烦恼一口气吃掉。

如果工作很辛苦，就给咖啡加奶加糖中和一下。

对，没错，生活无解，来杯拿铁。

再把闺蜜机拖进浴室，给自己放一部电影，让身体和灵魂彼此坦诚相对。

…………

我们的生活大部分时间都是由一连串小事组成的，

用这些小事哄自己开心就是头等大事。

祝我们天天快乐，添添闺蜜机。

案例点评：该文案开头首先塑造了逛超市、吃面条等情景，描绘了生活中的各种哄自己开心的小事，平淡朴实，但能引发用户的共鸣。此外，该文案还将产品添添闺蜜机的"陪伴感"自然融入"哄自己开心"的主题中，强调添添闺蜜机的陪伴能够给人带来开心、快乐，使添添闺蜜机与用户之间形成情感连接。

3.2.7 热点开头

人们总是对新发生的或受到广泛讨论的事情有较高的关注度，所以借助热点写作文案开头也是一个吸引用户注意力的好办法。例如，在推荐衣服时，从最近的红毯活动、电影节入手，分析知名人士的穿搭，再引入推荐的单品；在推荐书籍时，从最近的某文学奖出发引入推荐书籍。借势热点的文案的阅读量、讨论量通常都较高，文案人员可以选择合适的热点作为开头，以吸引用户的关注和讨论。

例如，图 3-5 所示的文案以文心一言全面开放这一热点开头，然后自然过渡到对国内 AI（人工智能）大模型的介绍，最后植入 AI 课程的广告，显得顺理成章、不突兀。

> 同学，你知道吗？就在上周！
>
> 百度旗下的 AI 大模型 "**文心一言**" 正式向全社会开放！
>
> 这意味着个人也可以免费不限次数地使用 "文心一言"，并且可以直接在手机上下载使用。
>
> 此外，在众多国内 AI 大模型公司中，已有 8 家通过备案！国内 AI 界已经迎来了 "赶超 ChatGPT" 之战！
>
> 今天我**整理出了 24 个**国内 AI 大模型的资料，除了一些模型正在内测，大部分都是免费的！

图 3-5　以热点文心一言作为开头

课堂活动

　　某品牌新推出一款行李箱，有20寸（1寸约为3.33厘米）、24寸、26寸等规格，采用可调节高度的不锈钢拉杆，配备360°全方位旋转轮和密码锁。请为该品牌行李箱设计两种不同的文案开头，文案题材、创意不限。

3.3　互联网文案正文写作

正文是文案的主干，是一篇文案中篇幅最大的部分。文案人员按照一定的写作手法，对文案的组织形式、结构等进行合理的安排设置，形成一个完整的整体，也就组成了文案的正文。观察一些成功的文案案例即可发现，正文的结构安排通常包括并列式、对比式、递进式 3 种。

3.3.1　并列式

并列式正文布局是指各部分并列平行地叙述事件、说明事物，不分先后顺序和主次。它的各组成部分是相互独立、完整的，能够从不同角度、不同侧面来阐述主题。并列式结构具有知识概括面广、条理性强的特点，各部分内容要各自独立又紧紧围绕着中心，共同为主题服务，各部分之间也不能产生从属或交叉的关系，但各部分之间联系紧密。很多电商平台的销售文案用的就是并列式正文结构，正文各部分分别介绍产品的各个卖点。

例如，图3-6所示的一款衣架的详情页文案采用的就是并列式正文结构，它分别从立体支撑设计、条纹防滑设计、承重力强等方面并列描述该产品的产品信息。

图3-6　并列式正文结构

3.3.2　对比式

对比式正文结构是把两种人或事物、同一人或事物的前后不同的方面组合在一起，进行对比。运用对比可以将道理讲得更透彻，更有说服力。对比时要围绕主题确定对比点，如主题是科普控制糖分摄入的重要性，可以将控糖前后的身体状态进行对比。

例如，图3-7所示的文案在开头将人际关系分为耗电型和充电型，然后以对比式正文结构展开叙述，分别论述了耗电型关系的负面影响和充电型关系的积极作用，一反一正形成明显对照。

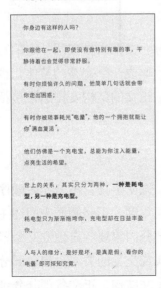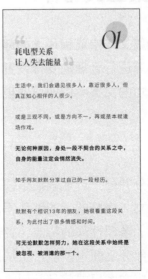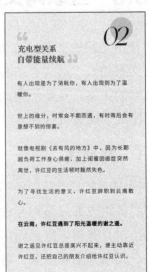

图3-7　对比式正文结构

3.3.3　递进式

递进式正文结构是指正文中内容与内容间的关系是层层推进、纵深发展的，后面内容的表述只有建立在前一个内容的基础上才有意义。其优点是逻辑严谨、思维缜密，按照某种顺序将内容一层层进行铺排，给人一气呵成的畅快感觉。递进式正文结构的重点在于层次关系的呈现，只有层次分明、节奏感强，才更有感染力。

递进式结构要求层层深入、层次分明，这对文案人员的逻辑思维能力有一定的要求，文案人员在写作这种结构的正文时，可以先描述一个现象，然后根据现象总结一个规律或分析产生现象的原因，最后讲如何看待／面对／处理这种现象。

例如，图3-8所示的文案即采用了递进式正文结构，其首先描述了一个现象——现在很多年轻人经常不知道"吃什么"，透过这个现象分析了背后的原因——选择更多了、对事物的要求更高了等，最后告诉用户如何不为"吃什么"烦恼。整体逻辑是从"是什么"到"为什么"再到"怎么办"，层层递进，说服力很强。

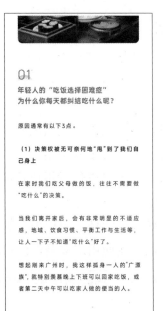

图3-8　递进式正文结构

3.4　互联网文案结尾写作

相对于标题与正文部分，结尾的写法相对来说会简单一些。但文案结尾也至关重要，一个好的结尾能够直接影响用户的后续行为，包括转发朋友圈、收藏或前往网店下单等，带来更高的转化率和更好的营销效果。因此，掌握文案结尾的写作技巧对文案人员来说也是十分重要的。

3.4.1 自然结尾

自然结尾是指根据文案的描述自然而然地结束，即文末不去设计含义深刻的哲理语句，也不刻意引导或号召用户行动起来，而是在内容表达完之后，写出想要对用户说的话，并自然而然地结束全文。自然结尾的文案能让用户感受到文案所要表达的意图，让用户自己做出判断。

例如，图 3-9 所示的一篇"新手选车配置"的文案采用的就是自然结尾。文案在开头介绍了一些首次购车用户常纠结的配置问题，最后总结所述内容，提醒用户按照自己的实际需求购车，紧扣主题且结构完整。

> 经常有朋友问我：选车时纠结某个配置怎么办？
> 今天我就跟大家聊聊这个话题。一些常会纠结的配置，该如何取舍？
> 还有一些不常被注意的配置，其实更值得关注。
> 强调：以下内容仅服务于初次购买家用车的入门级用户，全部从"家用"角度出发，高阶玩家请忽视。
> 下面是首次购车用户常纠结的配置。
> 1. 导航
> 这可能是纠结最多的一个选项，答案很粗暴：没用，不要。
> ……………
> 选车在配置上不要贪多，有些东西可能你花钱买了，车开到报废也用不上几次，因此心动之余应多问问自己是不是真的需要。当然，买车这种大宗消费肯定伴随着感性冲动，只要尽量保持冷静就行。祝大家早日买到合适的车！

图 3-9　自然结尾

3.4.2 请求号召式结尾

请求号召式结尾是指在前文铺垫的基础上，最后向用户提出请求，或者发出某种号召，促使他们做出某种行动，如关注账号、购买产品、在评论区留言互动、实践前文所讲的道理等。

写作请求号召式结尾时可以多使用没有主语的祈使句，句式要短，多用动词，以增加文案的力量感。言语间表现出的态度要坚定。行动号召的内容要具体、明确，包含清晰、具体、明确的行动指令，还可以告诉用户相应的好处，如享受优惠或提升技能等，并适当制造紧张感，促使用户听从号召。

例如，图 3-10 所示的文案结尾就号召用户报名加入某课程，不仅详细展示了报名后的收获，还强调了名额有限，促使用户立马做出行动。

> 如果你也想和他们一样，学好 PPT，利用业余时间做副业，就赶紧扫码报名吧！
>
> **仅需 1 元**
> 报名《秋叶 PPT 3 天集训营》
> 你就能拥有：
> **50 套精美 PPT 模板**
> **10 个靠谱的 PPT 接单赚钱渠道**
>
> **逻辑图模板、字体包、样机素材**等
> 还有 **3 天 PPT 陪伴式教学**
> 和 **1 个高质量的 PPT 学习群**
>
> ……………
> **名额有限**
> **现在就点击报名吧**

图 3-10　请求号召式结尾

3.4.3　话题互动式结尾

话题互动式结尾就是指在结尾以提问方式发起话题讨论，吸引用户留言互动，从而增加文案的热度。例如，微博、微信、抖音等平台的文案就常在结尾设置话题。文案人员在写作此类结尾时，可以先对前文中的观点进行总结，然后再提出问题、引导用户留言互动，问题可以是与文案主题相关的问题，也可以引出新的维度和角度。为了刺激用户的参与热情，文案还会涉及抽奖、送礼品等福利内容，如图 3-11 所示。

图 3-11　话题互动式结尾

3.4.4　总结式结尾

总结是文案正文结尾十分常用的方式之一，通过前面的阐述和分析，在最后用极简洁的语言对全文进行归纳总结，得出一个高度凝练、有启发性的结论，起到深化文案主题的作用，让用户形成清晰明确的印象。这种方式的结尾，需要前文层层铺垫，使用户读到结尾时有恍然大悟的感受。这种类型的结尾既能提高整篇文案的质量，又能给用户留下深刻的印象。

 案例分析：汽车品牌文案"在一起，才是中国汽车"

某汽车品牌发布了一则视频文案"在一起，才是中国汽车"，其部分内容如下。

今年，是中国一汽成立的第 70 年

当第一辆"解放"问世

中国在世界汽车行业上标注了自己的名字

东风汽车在芦席棚中用双手敲出这个名字

长安汽车用第一辆微车为这个名字扬起新的旗帜

上汽集团用来之不易的体系为它打开全新局面

广汽集团用新生为这个名字写下新的注脚

奇瑞汽车用第一辆风云为它增添新的标志

吉利集团在一次次大胆尝试中写下这个名字的万丈豪情

长城汽车在皮卡市场留下这个名字的脚印

比亚迪和这个名字一起踏上新的征程

小鹏汽车、蔚来汽车、理想汽车

不断为这个名字创造新的可能

70年 我们的故事各不相同

但方向却又如此相通

…………

这个名字，将由你、由我

由每一位中国汽车人共同书写

这个名字叫一汽、东风、长安、上汽、广汽

奇瑞、吉利、长城、比亚迪、小鹏、未来、理想……

中国汽车

在一起，才是中国汽车

案例点评： 这篇文案从第一辆"解放"汽车问世讲起，按照时间发展的顺序，依次介绍了多款汽车品牌在我国汽车发展史上留下的足迹。文案结尾很好地对前文进行了总结，不仅罗列出前述汽车品牌的名字，还简洁、凝练地点出"在一起，才是中国汽车"的主题，温暖且充满气势，体现了文案宏大的格局。

3.4.5 抒情式结尾

抒情式结尾就是通过"以情动人"的写作手法，激起用户内心的情感波澜并引起共鸣。这种结尾方式有着强烈的艺术感染力，多用于与情感主题相关的文案。它在总结文章内容的同时，通过情感的渲染和情绪的激发，来引起用户的共鸣。在抒情的同时，文案人员还可以通过向用户发出呼吁，提出问题，激发用户的思考和进一步的行动。例如，图3-12所示的文案即采用抒情式结尾，通过情感化的语言表现了父母对子女的付出以及两代人的羁绊，呼吁用户关爱父母，十分能引人共鸣。

父母虽然平凡，却倾尽所能，抚育我们健康长大。

作家刘同曾写过这样的一句话：

"当你无法确定自己现阶段要做什么的时候，那就对父母孝顺，那是唯一一无论何时何地都不会做错的一件事情。"

父母子女一场，是这世间最长也最短的羁绊。

趁现在还来得及，多爱他们一点。

像小的时候他们陪我们慢慢长大那样，陪他们慢慢变老。

图 3-12　抒情式结尾

需要注意的是，写作抒情式结尾时要找准容易打动用户情感的点，一定要表露真情实感，可从亲情、友情、爱情等角度入手，语言表达要细腻、克制，不能过分煽情。

3.4.6　首尾呼应式结尾

首尾呼应是指文案的结尾和开头相互呼应，其能使文案的结构条理清晰。比如，文章开头提出某个观点，那么在结尾时会再次解释、总结或强调。这种方法用在文案上，既可以让文案结构更完整，逻辑更严谨，主题更突出；同时也可以强化用户的阅读体验，将用户的注意力再次转移到主题上，加深用户对文案的印象，引起用户情感上的共鸣。

 案例分析：钉钉发布视频文案"等风来"

> 钉钉发布的一则视频文案"等风来"，以风筝比喻人生，提醒年轻人要学会等待。其内容如下。
>
> 你放过风筝吗？放风筝的关键在于——等风来
>
> 你不确定它什么时候会来
>
> 有时也会焦虑，它怎么还没来
>
> 在风来之前
>
> 你进行了一次次尝试
>
> 找准适宜起飞的角度
>
> 调整向前奔跑的速度
>
> 尽管它飞得有点糟糕
>
> 但没关系，这才是放风筝的乐趣
>
> 等到风来了，风筝会乘风而起
>
> 从一次次的飞行轨迹里

找到炽热、安定、心动、自由

我们的人生，就像风筝

总能等来属于自己的那阵风

案例点评：这篇文案以"你放过风筝吗？放风筝的关键在于——等风来"作为开头，提出了"等风来"这个核心概念，然后在正文中对这个概念进行了详细的描述，如等风的焦虑、等风的尝试等，结尾以"我们的人生，就像风筝，总能等来属于自己的那阵风"呼应开头，并在开头的基础上升华主题，将人生比作风筝，告知用户耐心积攒精力、等待属于自己的时机到来，给人以深刻启迪。

3.5 课堂实训——写作日用品的互联网推广文案

某日用品品牌推出了一款浴室清洁剂，需要写作互联网文案进行推广。该浴室清洁剂的信息如下。

- **主要功能**：清洁浴室，包括水垢、皂垢等，同时也能清洁发黄、发霉的地板、墙面瓷砖、马桶等卫生洁具。
- **产品特点**：含有能清除水垢、皂垢等的活性剂，清洁效果强大，能够轻松去除污渍；味道好闻，西柚香味；使用了防垢沉积技术，可以形成一层污渍隔绝层，防止水渍再次附着；能杀灭各种病菌，具有一定的除臭效果；适用于多种表面材质，操作简单方便；配备喷头。
- **适用范围**：浴室、窗户、阳台玻璃门、厨房洗手盆等。
- **售价**：原价39元一瓶，活动价19元一瓶（活动时间为一周）。

1. 实训目的和要求

通过本次实训，巩固构思文案标题的方法，并掌握文案内容的创作思路与方法，具体要求如下。

（1）拟定一个具有吸引力的文案标题，增加文案点击率。

（2）撰写文案正文内容，详细介绍该产品的特点。

（3）设计一个请求号召式结尾，号召用户购买产品。

2. 实训步骤

本实训将分别进行拟定文案标题、写作文案开头、写作文案正文和写作文案结尾等操作，具体步骤如下。

STEP 01 ▶拟定文案标题。根据主题，结合标题的写作技巧，构思多个标题，以便选择最适合的标题。

- **命令式标题**：花一杯奶茶的钱买下它，轻松解决浴室卫生问题！该标题以"花""买"字凸显命令，并促使用户听从命令。
- **提问式标题**：还在弯腰屈背擦浴室玻璃？试试这款"神器"，一喷即净。该标题通过提问击中用户痛点，然后引出产品，通过其优势打动用户。
- **证明式标题**：亲测好用！一瓶效果顶6瓶，浴室清洁全靠它了。该标题使用数字突出产品强大的清洁能力，增强说服力。
- **警告式标题**：警惕！浴室清洁不到位，病菌在毛巾、牙刷上安家。怎么解决？该标题生动描述病菌的危害，增强警告效果，并提问引导用户思考，促使用户购买产品。

对比这几个标题，"还在弯腰屈背擦浴室玻璃？试试这款'神器'，一喷即净。"这个标题突出了清洁剂的清洁效果和便利性，相比之下更有吸引力，因此选择该标题作为最终标题。

STEP 02 ◆写作文案开头。文案开头可以采用情景式，设定一个情景，如朋友来到主角家，发现主角家浴室很脏，主角解释说浴室清洁太累无暇频繁打扫，朋友便为主角推荐浴室清洁剂，引出下文对浴室清洁剂的介绍。情景的设定要生动，语言要活泼、日常化，像分享生活趣事一般，同时加入细节描写，如浴室脏污的程度、主角以前是如何清洁浴室的。根据以上内容撰写出文案开头，如图3-13所示。

> 最近朋友来我家玩，偶然进了我的浴室，被浴室的一番景象震惊到后，发出了"妈呀，卫生间地板和瓷砖墙壁这么脏都不擦一下！"的慨叹。
> 我虽然惭愧，但不得不说，我家浴室确实脏，镜子和玻璃门都布满了水渍，显得灰蒙蒙的；花洒、洗手台和水龙头也都被厚厚的水垢覆盖着，还时不时有股霉味。
> 朋友追问："这么脏，会滋生病菌的，你怎么不清洁一下？"
> 我无可奈何地解释说，不是懒，是浴室清洁起来确实太痛苦了！擦的时候弯腰屈背，手累得都快断了，却还是擦不干净，最令人崩溃的是清洁完后不到两天，只要一洗脸、洗澡，水垢就卷土重来！每天工作已经够累了，谁还有精力花费一个多小时去跟它折腾呢！
> 朋友实在看不过眼，就给我推荐了一款浴室清洁剂。我立马试了一下，效果出乎意料地好！好东西得拿出来分享，下面就让我介绍一下它吧。

图3-13　文案开头

STEP 03 ◆写作文案正文。正文可以采用并列式结构，分别介绍浴室清洁剂"清洁效果强大""防止水渍再次附着""杀菌除臭"3大卖点，因而可分为3个部分。

第1部分首先拟定一个吸引人的小标题，然后通过描述浴室清洁剂的使用场景来体现其清洁效果强大的效果。接着以简洁、通俗的语言来说明浴室清洁剂的清洁原理，并通过与普通清洁剂的对比来说明浴室清洁剂的清洁效果。根据以上内容写好第1部分，如图3-14所示。

> **一喷一擦，还你一个崭新的浴室**
> 这款浴室清洁剂的清洁能力很强，喷上后等一分钟，用抹布轻轻一擦，水龙头、玻璃上的顽固水垢瞬间消失。它不仅对水垢，对发黄发霉的地砖、墙砖、马桶边缝隙的污垢也十分有用。
> 普通清洁剂用后要很用力地刷，就算你累得直不起腰也还是有污渍残留！而这款浴室清洁剂拥有能清洁水垢、皂垢的活性剂，能直接渗透进污渍内部，不需要费力强刷就能轻松去掉污渍。

图3-14　正文第1部分

第2部分主要介绍"防止水渍再次附着"的卖点，但小标题需要更加直观，将卖点的最终效果体现出来，如"用一次，干净好几个星期"。因此，文案人员决定先描述普通清洁剂用后水渍很快又出现的烦恼，然后再用生动的语言介绍浴室清洁剂的防垢沉积技术，必要时可以使用比喻等修辞手法。最后再描绘使用浴室清洁剂后不用时刻担心水垢的舒心场景。根据以上内容写好第2部分，如图3-15所示。

用一次，干净好几个星期

普通清洁剂即便清洁力再强，一擦也会留下水痕，而且没过几天水渍就如野草般冒出来了。但用这款浴室清洁剂，就完全不会有这个烦恼。它采用了防垢沉积技术，只要你一喷上去，就可以在物体表面形成"污渍隔绝层"，好几个星期都不会脏。我家玻璃用了之后，就像"出淤泥而不染"的荷花，污渍、水珠都挂不住。平时洗漱、洗澡也不用小心置置了，水花怎么溅，也不怕水渍出现。连我那要求很高的老妈，看了也表示服气。

图 3-15　正文第 2 部分

第3部分可以先通过细节体现浴室异味带来的烦恼，如买了香氛也压不住异味等。然后转而介绍浴室清洁剂的杀菌除臭效果，强调其是从源头上除臭。同时文案人员还可以介绍浴室清洁剂特殊的西柚香味，在描述气味时要充分调动感官，促使用户产生联想。根据以上内容写好第3部分，如图3-16所示。

杀菌除臭，整个浴室香喷喷

除了清洁力够强，它的除臭效果也很明显。以前一打开浴室门，就能闻到一股潮湿的发霉味。为此，我买过各种浴室香薰，但还是压不住，味道混杂在一起反而更难闻！其实，臭味的源头是各类病菌，而这款浴室清洁剂具有强大的除菌功能，不是简单地掩盖臭味，而是从源头除臭。

普通清洁剂是刺鼻的化学剂味道，而它的味道却是市面上少有的西柚味！用完后，整个浴室就像泡在了西柚汁里，香甜清爽，巨好闻！自从用了它，我连浴室香氛的钱都省下了。

图 3-16　正文第 3 部分

STEP 04 ○写作文案结尾。文案末尾可以先建议用户别在浴室清洁方面省钱，然后介绍浴室清洁剂的优惠力度和活动期限，刺激用户的购买欲望，最后号召用户购买浴室清洁剂。根据以上内容写好文案结尾，如图 3-17 所示。

市面上各种清洁剂看似不贵，但用得频繁，还是挺花钱的。很多人为了省点钱，自己弄来小苏打或醋费劲地刷，把自己累得够呛，实在没必要。今天介绍的这款浴室清洁剂，我给大家争取了很大的优惠力度，平常要39元一瓶，现在只要19元一瓶！花一杯奶茶的钱就能收获一个时刻干净、飘香的浴室，我觉得真的值。这个价格仅限本周哦，赶紧点击下方的链接下单吧！

图 3-17　文案结尾

⅓ 3.6　课后练习

1．选择题

（1）【单选】（　　　）标题是通过严肃、警示、震慑的语气来说明内容，以起到提醒、警告的作用的标题。

    A．警告式   B．证明式

    C．提问式   D．揭露真相式

（2）【单选】标题"6个步骤，让你的公众号流量翻倍"运用的是（　　　）技巧。

    A．巧用数字   B．借势

    C．巧用修辞手法   D．塑造场景

（3）【多选】下列关于文案标题的说法，不正确的包括（　　　）。

    A．不能夸大其词

    B．可以使用"首次"一词

    C．要多使用"高端""卓越"等词

    D．越长越好

（4）【多选】常用的正文结尾方式包括（　　　）。

    A．抒情式　　　　　　　　　　B．总结式

    C．首尾呼应式　　　　　　　　D．递进式

2．填空题

（1）悬念开头的方法包括＿＿＿＿＿＿＿、＿＿＿＿＿＿＿、＿＿＿＿＿＿＿。

（2）正文的结构方式包括＿＿＿＿＿＿＿、＿＿＿＿＿＿＿、＿＿＿＿＿＿＿。

（3）＿＿＿＿＿＿＿＿结尾是指在前文铺垫的基础上，最后向用户提出请求，或者发出某种号召，促使他们做出某种行动。

3．判断题

（1）首尾呼应式结尾是指文案的结尾和开头相互呼应。　　　　　　　　（　　　）

（2）请求号召式结尾要有明确的指令。　　　　　　　　　　　　　　　（　　　）

（3）警告式标题可以对负面事物进行明显夸大。　　　　　　　　　　　（　　　）

4．实践题

（1）现有一款新上市的洗碗机，其信息为：自动化清洗，省时省力，能够清洗各种碗盘餐具；提供多种洗涤模式，可根据不同需求进行选择；具有烘干功能，可让餐具更加干净卫生；占用空间小，可安装在厨房或餐桌上；噪声不超过 50 分贝。

请根据该洗碗机的信息写作直言式、提问式、证明式文案标题。

直言式标题：＿＿＿＿＿＿＿＿＿＿＿＿＿＿＿＿＿＿＿＿＿＿＿＿＿＿＿＿＿

提问式标题：＿＿＿＿＿＿＿＿＿＿＿＿＿＿＿＿＿＿＿＿＿＿＿＿＿＿＿＿＿

证明式标题：＿＿＿＿＿＿＿＿＿＿＿＿＿＿＿＿＿＿＿＿＿＿＿＿＿＿＿＿＿

（2）现有一款豆瓣酱，选用优质的豆类和辣椒为原料，采用传统发酵工艺精心制作而成，口感香辣适中，适用于炒菜、烧烤、拌饭等，不添加人工色素和化学调味剂。原价 19 元/瓶，现价 9.9 元/瓶。请为该豆瓣酱写作一篇互联网文案，要求开头采用情景式写法，正文采用并列式结构，结尾采用请求号召式写法。

第 4 章 互联网文案的视觉设计

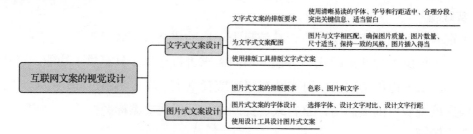

4.1　文字式文案设计

文字式文案包含较多的文字，在视觉呈现上不会过于华丽和花哨，但好的排版效果会使文字式文案具备一定的视觉吸引力，进而提升文案的关注度。

4.1.1　文字式文案的排版要求

文字式文案的排版至关重要，良好的排版可以增强文案的可读性和吸引力。具体来说，文字式文案的排版需要遵循以下5点要求。

1．使用清晰易读的字体

文字式文案通常会呈现为大篇幅的文字，因此应选择清晰易读的字体，确保文案的易读性。互联网文案应选择适合电子屏幕阅读的字体，如方正黑体、方正楷体、方正仿宋、华文宋体、思源宋体、Arial等。

2．字号和行距适中

文字式文案的字号和行距要适中，以便用户轻松阅读文案。通常，标题可以使用较大的字号，通常在20px以上，正文应使用中等字号，通常以14～16px为宜。行距也应该保持适中，一般为1.5倍行距，以免版面显得过于拥挤。

3．合理分段

文字式文案的段落长度通常不宜过长，应适当分段，以提高可读性，且便于用户理解。一般来说，每段3～5行为宜，且每个段落都应该有两个字符的段首缩进。如果文案中有重要的亮点或关键信息，可以使用单独的段落来突出它们。需要注意的是，分段应该根据文案的具体内容来决定。

4．突出关键信息

为了突出文案中的重要内容，文案人员可以使用少量形状（如箭头），或为文字设置其他颜色、加粗，使用大号字体，或为段落添加下画线、底纹、框线等来使重点内容更加醒目，便于用户查看。此外，对于并列的相关项目、观点或信息，文案人员可以使用项目符号（如圆点、方框等）进行标记。

5．适当留白

留白在文字式文案排版中非常重要，因为它可以确保文本不会过于拥挤，从而减少用户的阅读压力。一般来说，需要留白的部分包括文案的左、右、上和下边缘周围，段落之间，图片与文字之间等。

案例分析：园艺网店的两篇排版美观的文字式文案

图4-1所示为某园艺网店发布的两篇文字式文案，其排版十分美观，呈现出良好的视觉效果。

图4-1　某园艺网店发布的两篇文字式文案

案例点评：左边的文案使用了大量的技巧来突出重点信息，如第1、3行文字分别设置了底纹和加粗效果，标明了重点；第2行文字中的"8折"设置了字体加大加粗，并设置了其他颜色，更醒目和突出；第4行和第7行中的重点文字设置了其他颜色并加了下画线，突出了重点信息。右边的文案有很多留白，让整个版面看起来很清爽；而且还使用了框线来框住获奖名单，使版面看起来更规整有序。

4.1.2　为文字式文案配图

对文字式文案来说，文案人员通常会根据文字内容，配上说明性的图片，一方面吸引用户眼球，另一方面直观地传达信息，使文案更易懂、更具可读性。文案人员在为文字式文案配图时需要注意以下5个要点。

1. 图片与文字相匹配

配图应和文字相互补充，补充说明文案所要表达的信息或情感。文案人员在配图时可以从以下思路出发。

（1）提供示例说明。图片可以进行示例说明，以解释或证明文案中的观点。例如，图4-2所示的文字式文案提到有人关心是否应该装洗碗机的问题，就搭配了一张搜索框截图，以证明文案中的说法。

（2）引发情感共鸣。配图可以用来表达情感或制造情感共鸣。根据文案内容的情感色彩，选择合适的图片，以强化用户的情感感受。例如，如果文案是关于亲情的，文案人员可以选择一张温馨的家庭照片。此外，为了制造轻松幽默的效果，文案人员还会使用有趣的表情包来传达情感，如图4-3所示。

图4-2　配图证明文案　　　　　图4-3　用表情包传达情感

（3）解释复杂内容。对于某些复杂的概念、流程或操作等，文案人员可以使用图片来进行直观的说明。例如，图4-4所示为根据文字所述内容所配的操作图，图4-5所示为解释皮肤角质层"锁水"功能的示意图。

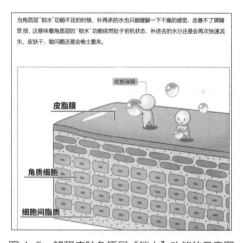

图4-4　根据文字所述内容所配的操作图　　　图4-5　解释皮肤角质层"锁水"功能的示意图

（4）叙述故事。若文字内容讲述了一个连贯的故事，文案人员可以通过配图来描绘故事中的场景、人物或情节发展。这种方式可以激发用户的兴趣和想象力，增强他们的代入感。

（5）对比和比较。如果文案中存在对比或比较的情形，文案人员可以使用图片来呈现对比效果。例如，图4-6所示的文字式文案就使用图片来表现使用清洁剂前后的对比效果。

2．确保图片质量

文案人员在配图时一定要使用清晰的图片，模糊、低质量的图片会拉低整篇文案的质量，影响用户的阅读体验。此外，文案人员应尽量选择美观、令人赏心悦目的图片。如果图片存在画面歪斜、曝光不足等情况，文案人员可以使用图片编辑软件适当优化图片，如调整色彩明暗等，或者为图片添加滤镜。例如，图4-7所示的文案为了推广一款沙发，搭配了一张十分美观的沙发图片，很好地体现了沙发的精致和有格调。

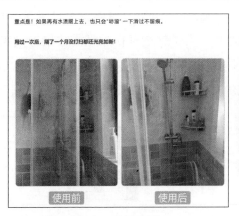

图 4-6　对比效果

图 4-7　美观的图片

3．图片数量、尺寸适当

文案人员在为文案配图时需要注意图片数量应适当。图片的数量过少，会使用户觉得单调、枯燥，甚至失去继续阅读的欲望；但图片的数量过多，会使文案显得过于臃肿，让文案加载速度变慢，影响用户的阅读体验。此外，图片的尺寸要恰当，即图片和文字所占版面的比例要协调。一般来说，长段落文案可使用较小的配图，以适当缓解长文的压迫感；而短文案可以选择较大的图片来吸引用户眼球。

4．保持一致的风格

一篇文案的配图应该保持一致的视觉风格，使整篇文案具有统一性，提高用户的阅读体验。此外，文案的主题和情感应该反映在配图的色调中。例如，如果文案涉及温馨的家庭场景，配图的色调可以选择温暖的色彩，如红色、橙色等，以传达温馨感。

5．图片插入得当

图片不能随意插入文案中，插入文案中的图片要和上下文有联系，同时尽量在完整的段落后插入图片，不要在两个段落之间添加过多的配图，否则会导致文案显得杂乱，而且可能分散用户的注意力。

4.1.3　使用排版工具排版文字式文案

当前，网络上有很多专业的排版工具，文案人员可以使用其提供的模板来快速完成排版，并保证排版的美观性。对文字式文案排版而言，135 编辑器是一个很实用的工具。这里就以使用 135 编辑器来排版一篇微信公众号文案为例，其具体操作如下。

微课视频

使用 135 编辑器
排版微信公众号
文案

STEP 01 ▶进入 135 编辑器网站，单击右上角的 登录/注册 按钮，在打开的对话框中使用微信扫码的方式登录。

STEP 02 ▶在首页上方导航栏中选择"进入编辑器"选项，在打开页面左侧的导航栏中选择"模板"选项，在样式展示区中选中"免费"复选框，在打开的页面中搜索并选择编号为135283的模板样式，将鼠标指针移到该样式上，单击 整套使用 按钮，如图4-8所示。

STEP 03 ◆ 在编辑区中将出现该模板的所有样式模块，选择第一个模块，在打开的面板中单击 删除 按钮将其删去。选择第二个模块并删除所有文字，打开素材文件（配套资源:\素材文件\第4章\排版文章.docx），复制并粘贴第一段文字，选择该段文字，在打开的面板中单击"字体"下拉按钮 ，在打开的下拉列表中选择"默认字体"选项，如图4-9所示。

图4-8　选择并使用内容模板　　　　　图4-9　设置字体

STEP 04 ◆ 单击该模块取消选中状态，在打开的面板中单击 更换样式 按钮，在页面左侧的导航栏中选择"样式"选项，在样式展示区中选中"免费"复选框，然后在打开的页面中搜索并选择编号为114706的模板样式。应用样式后的效果如图4-10所示。

STEP 05 ◆ 将鼠标指针定位到该模块段文字的末尾，按【Enter】键提行，在排版页面上方的工具栏中单击"多图上传"按钮 ，在打开的"多图上传"对话框中单击 卷源图片上传 按钮，在打开的"打开"对话框中选择需要的图片（配套资源:\素材文件\第4章\排版文章1.png），单击 打开(O) 按钮，返回"多图上传"对话框，单击 确定 按钮。

STEP 06 ◆ 选择标题文字"大赛介绍"，将其修改为"为衣服分类"，按照步骤3的方法调整文字的字体为"默认字体"。然后单击该模块的图片，在打开的面板中单击 删除 按钮将其删去。

STEP 07 ◆ 选择删去的图片下方的文字，将其删除，并将素材文件中"1.为衣服分类"的正文内容复制并粘贴过来，调整文字的字体为"默认字体"。排版后的效果如图4-11所示。

图4-10　应用样式后的效果　　　　　图4-11　排版后效果

STEP 08 ▸分别选择标题为"大赛进行时""大赛小结"的两个模块，按照相同的方法将标题修改为"把衣服装袋／装箱""把收纳袋／箱放进衣柜"，将模块中的文字内容修改为素材文件中对应标题下的内容，把修改后的标题和文字的字体设置为"默认字体"。

STEP 09 ▸选择"把衣服装袋／装箱"模块中的图片，在打开的面板中单击 删除 按钮将其删去。选择"把收纳袋／箱放进衣柜"模块中的图片，在打开的面板中单击 换图 按钮，在打开的"多图上传"对话框中单击"本地上传"选项卡，在打开的选项卡中单击 普通图片上传 按钮，在打开的"打开"对话框中选择需要的图片（配套资源:\素材文件\第4章\排版文章2.png），单击 打开(O) 按钮，返回"多图上传"对话框，单击 完成 按钮，效果如图4-12所示。

STEP 10 ▸将鼠标指针定位到"把收纳袋／箱放进衣柜"模块的下一行，在页面左侧的导航栏中选择"样式"选项，在样式展示区中搜索并选择编号为125359的样式，将其插入版面中，将里面的文字修改为素材文件中的最后一段内容。将鼠标指针定位到该模块的下一行。

STEP 11 ▸在排版页面上方的工具栏中单击"多图上传"按钮 ，按照步骤5的方法插入图片（配套资源:\素材文件\第4章\排版文章3.png）。

STEP 12 ▸单击二维码模块，在打开的面板中单击 删除 按钮将其删去。

STEP 13 ▸在编辑区右侧单击 快速保存 按钮保存排版文章，如图4-13所示，此时排版文章将以草稿形式保存。

图4-12　换图后的效果

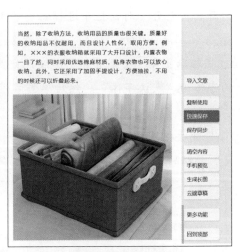

图4-13　保存文章

STEP 14 ▸在左侧导航栏中选择"我的文章"选项，在右侧的展示区中可以看到刚保存的草稿，将鼠标指针移到文章上，单击"编辑文章标题"按钮 ，在打开的文本框中输入文章标题"衣柜乱糟糟？翻箱倒柜找衣服？我来教你衣柜收纳整理妙招"，如图4-14所示，单击"保存文章标题"按钮 保存文章标题。

图 4-14　修改标题

STEP 15 ◑单击标题下方的"预览"按钮 📄，即可在打开的页面中预览该篇文章的排版效果，如图 4-15 所示（配套资源 :\ 效果文件 \ 第 4 章 \ 文章排版 .jpg）。

STEP 16 ◑返回排版页面，在功能区中单击 复制使用 按钮，在对应的微信公众号或者网站内容发布页面中按【Ctrl+V】组合键粘贴内容，发布文章。

图 4-15　预览文章排版效果

4.2　图片式文案设计

与文字式文案不同，图片式文案主要依赖视觉元素来强调文案的内容，其视觉效果尤为重要。

4.2.1　图片式文案的排版要求

图片式文案主要依靠视觉元素来传达，其排版效果对文案的吸引力有很大影响。这里主要从色彩、图片和文字 3 个方面介绍图片式文案的排版要求。

1. 色彩

图片式文案需要注意色彩搭配，并合理使用色彩突出重点，且色彩要与品牌色调呼应。

- **色彩搭配。**图片式文案的色彩搭配要符合产品或品牌的定位，确保图片和文案之间的颜色和谐一致，避免不协调的配色。同时，文案人员还要注意背景和文字颜色的对比度，以确保文字清晰可见。若背景颜色或图片颜色是深色，文字就用浅色。例如，图4-16所示的海报文案的背景颜色与文字就构成了鲜明反差。

- **突出重点。**使用鲜艳的颜色（如红色、橙色等）来强调关键信息，如标题或呼吁行动的文字等。

- **与品牌色调呼应。**如果品牌有专属色（如品牌Logo的颜色），可以将其作为图片式文案的主色调，以提升品牌的辨识度。例如，图4-16所示的海报文案就选择以该品牌Logo颜色——蓝色为主色调。

2. 图片

图片是图片式文案的核心，要选择与文案主题相关的图片，可以直接使用产品的图片，也可以围绕主题构思有创意的图片。例如，图4-17所示的服装品牌海报文案就围绕主题——中秋节，构思了一个家人吃团圆饭的微缩场景，并将该场景放置在产品上，呼应了品牌的产品。此外，图片在画面中的比例应该适当，不能遮挡文字的显示，且要构图美观，重点突出。

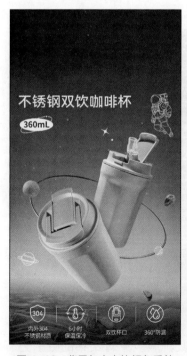

图4-16 背景与文字的颜色反差

图4-17 服装品牌海报文案

3. 文字

图片式文案中文字字数不宜过多，一般不超过整个画面的二分之一。同时，在排版文字时还需要注意以下3点。

- **字体选择**。选择清晰易读的字体，避免使用过于花哨的字体，以免影响用户的阅读体验。此外，字体应该不超过3种，并且要与整体风格相适应。
- **文字大小**。文字大小要均匀、合理，比例恰当。标题字号通常较大，说明性文字字号较小，以便用户快速浏览。
- **行距和字距**。行距和字距应保持适中，使文字更易读，且不显得拥挤。

4.2.2　图片式文案的字体设计

对图片式文案来说，字体的设计十分重要，优秀的字体设计能增强文案的视觉冲击力，吸引用户的关注。

1. 选择字体

不同字体在视觉上会带给用户不同的感受。选择合适的字体，可以更好地体现文案主题，并向用户准确地传达出产品的设计理念和营销信息。具体来说，文案人员选择文字的字体时可以从以下角度入手。

（1）根据行业属性选择字体。不同行业给人们的视觉联想是不一样的，如金融行业通常需要传达稳定、可信和专业的形象，适合使用一些传统、正式、笔画精细的字体，如宋体、黑体、方正小篆等，如图4-18所示；旅游行业通常与休闲、愉悦和探索有关，适合使用一些具有风格感、文艺气息、活泼的字体，如华文彩云、等线体等，如图4-19所示。

图4-18　金融行业适用字体　　　图4-19　旅游行业适用字体

（2）根据调性需求选择字体。一般而言品牌都会有自己的调性，如时尚、高端、活泼等，文案人员可以根据品牌的调性来选择字体。例如，有亲和力、温情的调性更适合使用一些柔和、朴实、具有温馨感的字体，如草书、新宋体、手写体等，以便让人感到亲近；清新、文艺的调性适合选择一些具有艺术感、线条流畅的字体，如图4-20所示；幽默有趣的调性适合活泼、俏皮的字体，如图4-21所示；高端奢华的调性适合使用一些笔画较细、字形修长、重心偏高、具有专业感和经典感的字体，如黑体、宋体等，以传达优雅精致的感觉。

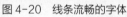

图4-20　线条流畅的字体　　　　　　　图4-21　俏皮的字体

（3）根据配图选择字体。如果文案中有配图，可以根据图片的风格来选择字体，如插画风格的图片适合活泼的手写体，中国风的图片比较适合书法字体。

✍ 课堂活动

进入"字体天下"网站首页，浏览各种字体，选择几个自己喜欢的字体，说说其适合哪些行业或调性。

2. 设计文字对比

设计文字对比，可以让文案本身的文字产生位置、大小和排版效果等方面的差异，将用户的视觉焦点集中到文案的内容上。文字对比主要体现在大小粗细对比、疏密对比和方向对比3个方面。

（1）大小粗细对比。文字的大小粗细是判断信息重要性的依据之一，通常表示重要信息的文字要大和粗，表示次要信息的文字则要小而细。

（2）疏密对比。文字疏密是指文字之间的距离以及文字与段落之间的距离。文案人员可以通过调整文字的疏密程度将不同字体、字号和颜色的文字区分开来，让信息呈现得更加清晰，层次更加分明。例如，图4-22所示的海报文案中，上方的诗句和下方的"光影中国 城市献礼"两行文字就同时运用了大小、粗细、疏密对比设计。

（3）方向对比。将不同的文字经过设计后进行不同方向的呈现，可以有效增加版面的动感和空间感，向用户展示文字信息的不同层次和重要性。例如，图4-23所示的海报文案就采用了方向对比，上方的主要文字（主标题和谚语）采用竖向排列，下方的次要文字（表示日期的文字等）采用横向排列，制造了鲜明的对比感。

图4-22 大小、粗细、疏密对比　　图4-23 方向对比

3．设计文字行距

行距是指文案上下两行文字之间的疏密程度，文字行距大小会影响用户的阅读效率。此外，行距也会影响画面的美观度。根据文字行距的大小，行距可以分为常规行距、小行距、大行距。

（1）常规行距。常规行距通常是指行距为字号的1.2～2倍（仅针对常规的字体），这种行距十分便于阅读，而且在视觉上也不会给人过于松散的感觉，所以常用于文案正文的排版。

（2）小行距。小行距通常要配合大字号、加粗字体，常用于标题文字排版，其特点是紧凑、视觉冲击力很强，具有一定的艺术性。例如，图4-24所示的海报文案中的主标题就采用了小行距。

（3）大行距。大行距会使阅读每一行的停顿时间变长，进而产生一种诗意和节

奏感，视觉上会更分散，适合文字较少的情况，如诗歌、抒情类的文案，如图 4-25 所示。

图 4-24　小行距

图 4-25　大行距

 素养提升

　　字体是设计者倾注心血的成果，受到《中华人民共和国著作权法》的保护，擅自使用未经授权的字体将面临法律风险。文案人员要提升版权意识，在使用字体前一定要通过合法、正规的途径获得授权。

4.2.3　使用设计工具设计图片式文案

　　要想设计出美观且有吸引力的图片式文案，文案人员除了需要掌握排版和字体方面的要求，还可以借助网络上的平面设计工具来进行设计，如创客贴。

微课视频

使用创客贴设计产品海报

　　创客贴是一款操作简单的在线平面设计工具，提供了大量的图片、字体和模板等素材，可以帮助文案人员轻松设计出精美的图片式文案，如海报、产品详情页等。例如，某家具网店需要使用创客贴设计产品海报，以推广其主推产品餐桌。具体步骤如下。

STEP 01 ◇登录并进入创客贴首页，在首页左侧的导航栏中选择"模板中心"选项，在打开的页面的"分类"栏中选择"电商"选项，在"场景"栏中选择"电商横版海报"选项，在打开的图 4-26 所示的页面中选择最左边的模板。

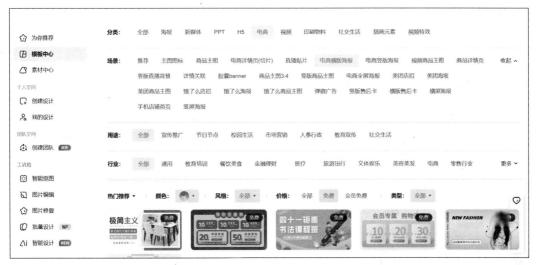

图4-26　选择模板

STEP 02 ◗在打开的页面的左侧导航栏中选择"上传"选项,在打开的面板中单击 上传素材 按钮,在打开的对话框中选择需要的图片(配套资源:\素材文件\第4章\餐桌.png),单击 打开(O) 按钮。此时"图片"选项卡下将显示上传的图片,如图4-27所示。

STEP 03 ◗在右侧编辑区中选择原来的餐桌图片,按【Delete】键将其删除,将鼠标指针移到左侧列表上传的餐桌图片上,将其拖曳至原有图片的位置上,将鼠标指针移至图片右下角,按住鼠标左键向右下方拖曳,调整图片大小和位置,效果如图4-28所示。

STEP 04 ◗选择餐桌外围的蓝色框,按【Delete】键将其删除。在左侧导航栏中单击"背景"选项,在"自定义背景"栏下选择"#FFE9C0"选项,如图4-29所示。

图4-27　上传图片　　　　图4-28　替换图片后效果　　　　图4-29　调整背景颜色

STEP 05 ◗修改模板中的文字,删除多余的文字和形状。选择"点击查看详情 >>>"文本框,单击"字体"下拉按钮 ∨ ,在打开的列表中选择"仓耳渔阳体"–"W03"选项,如图4-30所示。设置后的效果如图4-31所示。

图 4-30　选择字体　　　　　　　　　图 4-31　图片式文案设计效果

STEP 06 ▶ 单击网页右上角的 下载 按钮，打开"下载作品"对话框，单击 下载 按钮，如图 4-32 所示，在打开的对话框中设置保存文件名和保存位置，将制作好的海报图片保存到计算机（配套资源 :\ 效果文件 \ 第 4 章 \ 餐桌海报 .jpg）。

图 4-32　下载图片式文案作品

📈 4.3　课堂实训

实训一　使用135编辑器排版文章

某微信公众号为了推广一款智能跳绳，写作了一篇微信公众号文章，现需要对该文章进行排版，提升其视觉效果。

1．实训目的和要求

本实训要求使用 135 编辑器为该文章进行排版，以巩固使用 135 编辑器进行文字式文案排版的方法。

2．实训步骤

使用 135 编辑器排版该文章的步骤如下。

STEP 01 ▶ 进入 135 编辑器网站，单击右上角的 登录/注册 按钮，在打开的对话框中使用微信

微课视频

使用 135 编辑器
排版文章

扫码的方式登录。

STEP 02 ◐在首页上方导航栏中选择"进入编辑器"选项，在打开页面左侧的导航栏中选择"模板"选项，在打开的页面中搜索并选择编号为134602的模板样式，将鼠标指针移到该样式上，单击 整套使用 按钮。

STEP 03 ◐在编辑区中选择第一个模块将其删去。选择第二个模块并删除所有文字，打开素材文件（配套资源:\素材文件\第4章\排版文章实训.docx），复制并粘贴第一段文字，将其字体设置为"默认字体"。

STEP 04 ◐将标题文字"客服篇"修改为"逐渐增加跳绳时间"，调整文字的字体为"默认字体"，字号为16px。然后选择该模块的图片，在打开的面板中单击 换图 按钮，将其更换为需要的图片（配套资源:\素材文件\第4章\跳绳1.png）。返回排版页面，删去图片右侧多余的文字和图案，效果如图4-33所示。

STEP 05 ◐在标题为"工程篇""秩序篇"的模块中按照相同的方法将标题分别修改为"姿势正确""做好热身"，将字体设置为"默认字体"，字号为16px。将这两个模块中的文字内容修改为素材文件中对应标题下的内容，设置字体为"默认字体"。

STEP 06 ◐选择"姿势正确"模块的图片，将其更换为需要的图片（配套资源:\素材文件\第4章\跳绳2.png），删去图片右侧多余的文字和图案，效果如图4-34所示。

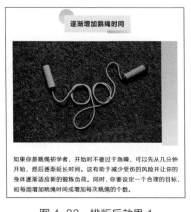

图4-33　排版后效果1　　　　图4-34　排版后效果2

STEP 07 ◐选择"做好热身"模块的图片，将其更换为需要的图片（配套资源:\素材文件\第4章\跳绳3.png），删去图片右侧多余的文字和图案，效果如图4-35所示。

STEP 08 ◐连续按两次【Enter】键提行，在左侧导航栏中选择"样式"选项，在样式展示区上方导航栏中选择"正文"-"分割线"选项，在下方选择编号为127152的引导分享的样式，自动插入版面中。

STEP 09 ◐将鼠标指针定位到下一行，将素材文件的最后一段文字复制并粘贴过来，将字体设置为"默认字体"。在排版页面上方的工具栏中单击"多图上传"按钮 ，按照步骤5的方法插入图片（配套资源:\素材文件\第4章\跳绳4.png），效果如图4-36所示。

STEP 10 ◐选择二维码将其删去。在编辑区右侧单击 快速保存 按钮保存排版文章。

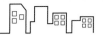

STEP 11 ▶ 在左侧导航栏中选择"我的文章"选项，在右侧的展示区中可以看到刚保存的草稿，将鼠标指针移到文章上，单击"编辑文章标题"按钮☑，在打开的文本框中输入文章标题"还在为发胖发愁？来试试这个超有效的燃脂运动吧！"，单击"保存文章标题"按钮🖫保存文章标题（配套资源:\效果文件\第4章\文案排版实训.jpg）。

图 4-35　排版后效果 3

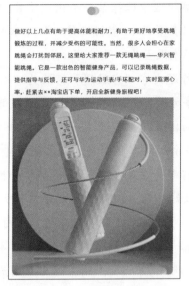

图 4-36　排版后效果 4

实训二　使用创客贴制作产品主图

某网店打算上架一款保温杯，需要为其制作精美的产品主图，以吸引用户关注。

1. 实训目的和要求

本实训要求使用创客贴为该保温杯制作精美的产品主图，以巩固使用创客贴设计图片式文案的方法。

2. 实训步骤

使用创客贴制作产品主图的步骤如下。

STEP 01 ▶ 登录并进入创客贴首页，选择"模板中心"选项。在打开的页面中选择"分类"栏中的"电商"选项，再选择"场景"栏中的"商品主图"选项，在"价格"栏选择"免费"选项，此时将显示免费的商品主图模板，如图4-37所示，选择最右侧的模板。

图 4-37　选择模板

STEP 02 在打开页面的左侧导航栏中选择"上传"选项，上传需要的图片（配套资源:\素材文件\第4章\保温杯.png），上传成功后"图片"选项卡下将显示上传的图片。

STEP 03 在右侧编辑区中选择帆布鞋图片，按【Delete】键将其删除。将左侧列表中的保温杯图片拖曳至原有图片的位置上，并调整图片大小和位置。

STEP 04 将模板中的文字修改为需要的内容，删去左上角的品牌图案，产品主图设计效果如图4-38所示。

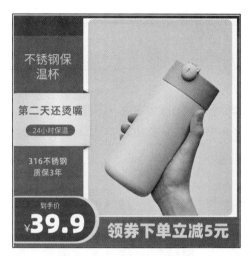

图4-38 产品主图设计效果

STEP 05 单击页面右上方的 下载 按钮，打开"下载作品"对话框，在其中选择文件类型、使用类型等，此处保持默认，然后单击 下载 按钮，将图片下载到计算机中（配套资源:\效果文件\第4章\保温杯主图.jpg）。

4.4 课后练习

1. 选择题

（1）【单选】下列选项中，关于图片式文案排版的说法，不正确的是（ ）。

　　A. 图片在画面中的比例应该适当，不能遮挡文字

　　B. 配色方案要符合产品或品牌的定位

　　C. 文字大小要均匀、合理，比例恰当

　　D. 使用的字体的种类越多越好

（2）【多选】下列选项中，关于文字式文案排版的说法，正确的有（ ）。

　　A. 应选择适合电子屏幕阅读的字体

　　B. 每段3～5行为宜

　　C. 标题的字号通常应在20px以上

　　D. 应适当使用形状来突出重点信息

（3）【多选】就配图和文字应相互补充而言，具体的配图思路包括（　　　）。

    A．提供示例说明   B．解释复杂内容

    C．引发情感共鸣   D．叙述故事

2．填空题

（1）文字对比主要体现在＿＿＿＿＿＿＿、＿＿＿＿＿＿＿、＿＿＿＿＿＿＿3个方面。

（2）选择文字字体的角度包括＿＿＿＿＿＿＿、＿＿＿＿＿＿＿、＿＿＿＿＿＿＿3个方面。

（3）＿＿＿＿＿＿＿是指文字之间的距离以及文字与段落之间的距离。

3．判断题

（1）一般而言，表示重要信息的文字要大和粗。   （　　　）

（2）有亲和力、温情的调性适合柔和、朴实、具有温馨感的字体。   （　　　）

（3）文案的配图越多越好。   （　　　）

4．实践题

（1）使用创客贴为某女包制作促销活动海报，促销方式为全场两件7折（配套资源:＼素材文件＼第4章＼包包.png）。

（2）使用135编辑器为一篇微信公众号文章排版（配套资源:＼素材文件＼第4章＼排版文章课后练习.docx），要求插入相应图片（配套资源:＼素材文件＼第4章＼儿童手表－视频通话和实时闲聊.png、＼素材文件＼第4章＼儿童手表－智能定位.png、＼素材文件＼第4章＼儿童手表－移动支付.png）。

第5章 电商产品文案的写作

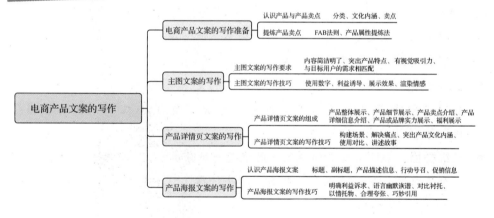

5.1 电商产品文案的写作准备

电商产品文案是为在线销售和推广产品而写作的文案，旨在通过描述产品的特点、功能和优势，吸引用户并促使他们购买或采取其他所需的行动。电商产品文案可以直接影响用户的购买决策，影响销量，在电商领域中起着至关重要的作用。因此，文案人员在写作前要做好充分的准备。

5.1.1 认识产品与产品卖点

电商产品文案始终围绕产品这一主题，文案人员在写作前需要对产品、产品卖点有一定的认识。

1. 认识产品

对文案人员来说，熟悉产品是非常关键的，因为只有深入了解产品，才能写出令人信服和引人入胜的文案。一般来说，文案人员需要了解产品的分类、文化内涵等内容。

（1）产品的分类。

目前，电商网站和平台通常采用层次化的产品分类方式，来帮助用户更轻松地浏览和找到所需的产品，通常包括一级类目、二级类目、三级类目。

- **一级类目。**一级类目是最高级别的分类，通常是广泛的产品范畴，如"服装""家居用品""电子产品"等。

- **二级类目。**二级类目是在一级类目下的更具体的子类别。例如，对于一级类目"电子产品"，二级类目可以包括"智能手机""平板电脑""耳机"等。

- **三级类目。**三级类目更加详细，用于进一步分类和定位产品。例如，在"男装"这个二级类目中，可以有"T恤""牛仔裤""夹克"等三级类目。

（2）产品的文化内涵。

产品的文化内涵是指产品所包含的文化、历史、价值观和符号等方面的内容。这些内在因素可以赋予产品更深层次的含义和吸引力，增加产品的附加值，帮助用户更好地理解产品，感受产品的独特性，从而产生购买动机。产品的文化内涵主要包括以下内容。

- **历史和传统。**产品的历史和传统是产品文化内涵的一部分。产品可能源自特定的文化传统，具有悠久的历史，如蜀锦是四川生产的彩锦，已有两千年的历史。了解产品的历史可以让用户感受产品的传承和价值。

- **地域文化。**产品的文化内涵也可能与特定地域有关。产品在地域方面的文化内涵可以为产品赋予特定的地域特色。例如，龙井茶来自杭州，一提起龙井茶，人们就会联想到杭州悠久的人文传统以及西湖的美景。

- **民间传说**。一些产品可能与民间传说或故事有关，这些故事可以为产品赋予更大的吸引力和价值。例如，状元烤蹄背后就有一个有趣的历史传说，文案人员在写作文案时便可以在此基础上加以发挥。

- **价值观**。某种特定的价值观也可以构成产品的文化内涵，包括环保、社会责任、敢于迎接挑战等。例如，某运动品牌的价值观"一切皆有可能"深入人心，已经成为该品牌的标签之一。

2. 认识产品卖点

产品卖点是指产品或服务的特点、优势或特性，这些特点可以用来吸引潜在用户，促使他们购买或使用产品或服务。产品卖点可以从多个角度体现，包括产品的材质、外观、工艺、功能、出产地、附加价值（品牌声誉、文化内涵）等。

产品卖点可以有很多，但其中有一种最为关键，可以称为独特卖点（Unique Selling Proposition，USP）。USP是一种市场营销战略和广告创意的概念，旨在突出产品、服务或品牌与竞争对手的差异化和独特性。通过强调USP，文案人员可以向潜在用户传达自身的产品或服务的优越之处，及选择该产品或服务的原因。文案人员在选择和宣传USP之前需要注意以下内容。

- **独特性**。USP必须是独一无二的，与竞争对手有所不同，能够满足用户独特的需求或提供与众不同的价值。

- **突出优势**。USP要强调产品或服务的最重要、最引人注目的优势。这可以是产品特性、性能、品质、价格、服务或其他方面的优势。

- **用户导向**。USP需要根据目标用户群体的需求和期望来确定。

- **清晰传达**。USP必须以简洁、明了、容易理解的方式传达给用户。

- **长期维护**。USP不仅要在企业宣传时存在，还要在其他时间进行长期的维护和发展。同时，产品或服务的独特性应该随着市场和竞争的变化而不断调整和优化，以便保持竞争优势。

 案例分析：立白香氛洗衣液卖点

> 立白推出了一款独具特色的香氛洗衣液，图5-1所示为立白香氛洗衣液卖点。
>
> **案例点评**：洗衣液多数都有香味，市面上很多品牌都用"闻得到的洁净清香""天然植物香"等卖点进行宣传推广，同质化程度很高。而立白也在洗衣液的香味上大做文章，邀请了专业香水师加入产品研发，挖掘出了"72小时持久留香"等独特卖点来突出产品香味的独特性，让用户感受到这款洗衣液不仅可以用来洗衣服，还可以当作香水使用，与其他品牌的洗衣液形成差异，有利于加强用户的购买意愿。

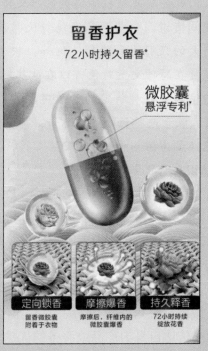

图 5-1　立白香氛洗衣液卖点

5.1.2　提炼产品卖点

电商产品文案的最终目的是促进产品销售，而产品卖点是影响用户购买决策的有力因素。因此，文案人员有必要掌握提炼产品卖点的方法。提炼产品卖点的方法很多，常用的有以下两种。

1. FAB 法则

FAB 法则即属性（Feature）、作用（Advantage）和益处（Benefit）法则，它是一种说服性的销售技巧，在提炼产品卖点时十分常用。FAB 法则中，F、A、B 具体的含义如下。

（1）F 指产品有什么特点，特色是什么。通常可以从产品的属性、功能等角度来挖掘，如超薄、体积小、防水等。

（2）A 指产品的特点、特色所呈现出来的作用是怎么样的。文案人员需要从用户的角度来考虑，思考用户关心什么、用户有什么问题，然后针对问题从产品特色和优点角度来进行提炼。例如，产品方便携带吗？电池耐用吗？

（3）B 指产品具体能给用户带来什么利益。文案人员应该以用户利益为中心，强调用户能够得到的利益，以激发用户的购物欲望，如视听享受、价格便宜等。

一般来说，从产品的属性来挖掘用户所关注的卖点是最为常用的方法。每个产品都能够很容易地发现 F，每一个 F 都可以对应到一个 A 和一个 B。需要注意的是，用户最关注的往往是产品的作用和直接的利益。

下面是某款智能手机的信息：拥有高性能芯片、1.5K 高亮高刷屏、5000 万像素摄像头、5000 毫安大容量电池。使用 FAB 法则提炼某款智能手机的卖点，如表 5-1 所示。

表 5-1   使用 FAB 法则提炼某款智能手机的卖点

序号	F	A	B
1	高性能芯片	运行速度更快	告别卡顿、拥有畅快的使用体验
2	1.5K 高亮高刷屏	提供更清晰的图像和更生动的观感	享受更高质量的娱乐体验
3	5000 万像素摄像头	支持拍摄专业级照片和视频	随心捕捉生活中的美好瞬间
4	5000 毫安大容量电池	续航时间长	摆脱电量焦虑

📝 课堂活动

　　某户外帐篷的信息为：采用涤纶牛津布防水材质，可容纳3～4人，可快速折叠和搭建，帐顶高达1.6米，加密通风网纱可防蚊虫。请根据上述产品信息，使用FAB法则提炼该产品的卖点。

2．产品属性提炼法

与 FAB 法则不同，产品属性提炼法是根据产品属性来提炼卖点的。产品属性包括产品价值属性、产品形式属性、产品期望属性和产品延伸属性。

（1）产品价值属性。产品价值属性是指产品的使用价值，是产品本身具有的能够满足用户需求的属性。在从价值属性角度提炼产品卖点时，文案人员需要考虑产品的目标用户是谁，以及他们的需求是什么。例如，某洗衣机定位高端，其用户需求是智能化洗衣，因此，文案人员可以从价值属性角度提炼出卖点"24 小时预约洗衣"，如图 5-2 所示。

（2）产品形式属性。产品形式属性是指产品的外观、大小、颜色、形状等直观特点。这些属性对产品的吸引力以及目标用户的购买决策具有重要影响。在从形式属性角度提炼卖点时，文案人员需要考虑目标用户的审美偏好、产品的差异化特点。图 5-3 所示的充电宝文案中的"软萌'小可爱' 精致又小巧"卖点，就是从产品形式属性中的外观和大小的角度提炼的。

图 5-2　洗衣机卖点　　　　　　图 5-3　充电宝卖点

（3）产品期望属性。产品期望属性是指用户对某一类产品普遍期望其具备的特点。例如，用户购买拖鞋时，会普遍期望拖鞋柔软、轻便、防滑等。在从产品期望属性提炼卖点时，文案人员需要考虑行业的一般标准。例如，图 5-4 所示的拖鞋文案中的"稳稳抓地力"卖点就是根据防滑的产品期望属性来提炼的。

（4）产品延伸属性。产品延伸属性是指产品的附加价值，如对应品牌的内涵／荣誉、与产品相关的售后服务等。例如，图 5-5 所示的茶叶文案中的"商务礼赠的品质之选"卖点就是根据产品延伸属性提炼的，凸显了茶叶蕴含的品质感和体面感。

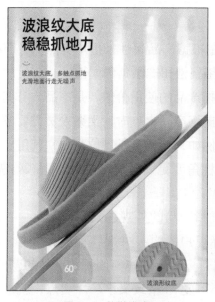

图 5-4　拖鞋卖点　　　　　　图 5-5　茶叶卖点

现有一款智能吸尘器，其具体信息为：具有强大的吸力和清洁能力，能够有效地清理家中的各种灰尘、碎屑和污垢；具备智能控制系统，可实现自动化清洁和定时清洁等功能；外观美观大方，设计时尚简约；具有不同的清洁头和附件，适用于不同的清洁场景，如地板、地毯、沙发等；支持1年内以旧换新，3年内质保。使用产品属性提炼法提炼智能吸尘器的卖点，如表5-2所示。

表5-2 使用产品属性提炼法提炼智能吸尘器的卖点

卖点提炼角度	卖点
产品价值属性	超强吸力、高效吸尘，清洁无死角
产品形式属性	时尚设计，多功能清洁头，灵活适应各种场景
产品期望属性	简易操作，智能控制
产品延伸属性	1年换新，3年质保

5.2 主图文案的写作

用户在电商平台购物时，一般会搜索关键词搜寻所需产品，此时，用户首先看到的就是主图文案。良好的主图文案就相当于产品的招牌，可以吸引用户点击进入产品详情页，详细了解产品。

5.2.1 主图文案的写作要求

要想让主图文案快速抓住用户眼球，主图文案写作应该满足以下4点要求。

1. 内容简洁明了

主图文案应该简洁明了，用最少的词语传递清晰的信息。用户在浏览产品时，往往只会花几秒钟来浏览主图，所以主图文案需要一目了然，让人一眼就能接收到核心信息。例如，图5-6所示的主图文案就简单介绍了产品的主要卖点，文字精练，信息量少。

图5-6 简洁明了的主图文案

2．突出产品特点

电商平台上产品众多、同质化严重，要想让产品脱颖而出，主图文案必须要体现出产品的特点。如果产品与竞品相比具有明显的优势，如便宜、耐用、性能更好等，则能有效提升用户的购买意愿。例如，图5-7所示的主图文案就通过说明产品销量很高，突出了产品特点。

图5-7　突出产品特点的主图文案

3．有视觉吸引力

主图文案还需具备视觉吸引力，以便提高用户点击率。要想提升主图文案的吸引力，文案人员要使用清晰、高质的产品图片，保证排版效果的和谐自然，或使用醒目的颜色来突出主图文案中的文字，必要时还可以将产品置于使用场景中或借助模特儿进行展示。例如，图5-8所示为有视觉吸引力的主图文案。

4．与目标用户的需求相匹配

主图文案必须与目标用户的定位和需求相匹配，以确保吸引他们的注意并激发其购买兴趣。具体来说，主图文案首先要突出用户最关心的产品信息。例如，偏好平价日用品的用户更关心产品的性价比和耐用性，那么主图文案就应该突出产品的低价高质等特点，如图5-9所示。而偏好高端产品的用户更关心产品的档次，主图文案则应突出产品的精致和有质感。

图5-8　有视觉吸引力的主图文案

图5-9　突出产品低价高质的主图文案

5.2.2　主图文案的写作技巧

主图文案需要在有限的版面内最大限度地吸引用户眼球，这对文案人员提出了较高的要求。因此文案人员需要熟练使用一些写作技巧，以便写出有吸引力的主图文案。

1．使用数字

数字的直观性很强，能有效吸引用户的注意并传达信息。文案人员写作主图文案时可以使用数字来展示产品的价格、折扣、性能指标、销售数量等重要信息。必要时文案人员可以使用大号字体和醒目的颜色来突出数字，使其更加显眼。同时，文案人员要注意为数字加上单位，如元、克等，这有助于用户准确理解数字的含义。

2．利益诱导

利益诱导是通过突出购买产品或服务的好处，如享受折扣、获得抽奖资格 / 赠品、享受特殊服务等，引导用户采取行动。在突出利益信息时，文案人员要避免使用抽象的词汇，而应该使用具体的、可量化的文字，如"下单立省 50 元""下单即送价值88 元礼包""拍一件，发 3 瓶"等。

3．展示效果

通常情况下，用户更愿意购买他们可以看到、感受到或想象到效果的产品。展示产品效果可以让用户更清楚地了解产品如何发挥作用，打消他们的购买疑虑。使用这种技巧时，文案人员最好选取产品的真实使用场景，如试穿、试吃、试用，给用户直观的效果展示。例如，图 5-10 所示的鸡蛋收纳盒主图文案就选择了典型场景——冰箱，体现了产品的可用性和重要优势——鸡蛋自动补位。

图 5-10　展示使用效果的主图文案

4．渲染情感

渲染情感是指在写作主图文案时通过描写情感，来引发用户的情感共鸣。文案人员可以使用一些情感词汇，如"温馨""幸福""激动""满足"等，来描述产品或服务可以达到的情感效果，满足用户的情感需求。此外，文案人员还可以主动挖掘目标用户的情感需求，如提供定制服务等，然后在主图文案中合理地与产品联系起来。

例如，某按摩仪礼盒的目标用户是有经济实力的上班族，其情感需求是孝敬父母。

某品牌据此特意在主图文案中将产品与孝心联系起来，使用"让父母称赞"等带有积极情感的文字来打动用户，促使他们产生购买行为，如图 5-11 所示。

图 5-11　渲染情感的主图文案

5.3　产品详情页文案的写作

产品详情页是指在淘宝、京东、拼多多等电商平台中，以文字、图片或视频等形式展示所销售产品的信息的页面。由于电商平台的特殊性，用户无法当面接触实物，因此只能通过产品详情页文案来判断该产品是否值得购买。因此，产品详情页文案写作水准的高低将直接影响产品的销量和转化率。

5.3.1　产品详情页文案的组成

产品详情页文案是对产品信息的详细描述，一般越全面越好，并且要着重介绍用户感兴趣的关键信息。产品详情页文案通常由以下 6 个部分组成。

1．产品整体展示

产品整体展示是产品详情页文案不可或缺的一部分，其通常位于产品详情页的开头，其作用是让用户直观地认识产品，对产品有一个初步印象。例如，图 5-12 所示为某实木床的整体展示，将实木床放置在具体的家居场景中，让用户能直观地了解实木床的使用效果。

图 5-12　某实木床的整体展示

2. 产品细节展示

产品细节展示涉及产品的款式细节、做工细节、面料细节、辅料细节和内部细节等。产品细节展示可以提供详细和全面的信息，以便用户了解产品的各个方面，帮助用户确定产品是否满足其需求，从而做出购买决策。例如，图5-13所示为某行李箱内部的细节展示，包括收纳袋和固定织带等设计，可以让用户了解行李箱的实用收纳功能。

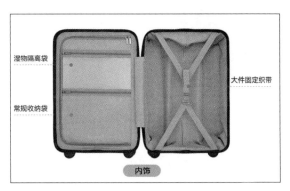

图5-13　某行李箱内部的细节展示

3. 产品卖点介绍

产品卖点介绍是产品详情页文案的一个重要组成部分，它旨在强调产品的独特之处和优势，促使用户对产品产生兴趣并购买。文案人员在写作产品卖点介绍时，不宜使用大段文字，应该用简短的文字进行描述，并结合直观的图片来辅助说明，必要时可以添加箭头、圆圈等形状来引导用户。例如，图5-14所示为某小白鞋清洁剂的卖点介绍。

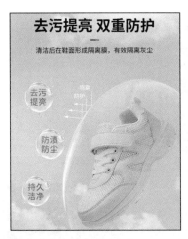 

图5-14　某小白鞋清洁剂的卖点介绍

4. 产品详细信息介绍

除了卖点外，产品详情页还需要介绍产品的详细信息，包括产品的尺寸（见图5-15）、参数、使用方法、安装方法（见图5-16）、使用注意事项（见图5-17）、包装/物流、售后服务（见图5-18）等，让用户全面了解产品信息及服务等。

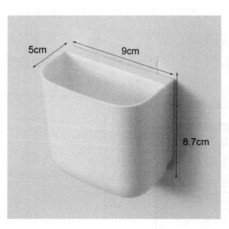

图 5-15　产品的尺寸

1. 选择墙面并清洁干净，务必确保墙面
干净无灰，撕去背胶　　2. 贴在墙上把空气排出，确保贴稳贴牢

3. 将收纳盒套在卡扣上　　4. 安装完成

图 5-16　安装方法

温馨提醒

关于胶贴安装：

1. 擦干墙面，确保粘贴位置干燥无尘，避开墙
面缝隙和凹凸处。

2. 粘贴到墙面后由中间向四周按压，尽量排尽
空气，确保胶贴与墙面充分紧贴。

图 5-17　使用注意事项

图 5-18　售后服务

✎ 课堂讨论

（1）根据自己的经验，说说你在购物时最关心哪些产品信息。

（2）哪些品类的产品详情页文案适合全面地列出产品的详细信息？

5．产品或品牌实力展示

产品详情页还需要展示产品或品牌的实力，以打消用户的购买顾虑，具体包括产品销量、实体店情况（见图5-19）、生产能力（见图5-20）、用户评价、品牌历史或内涵（见图5-21）、权威机构认证信息（见图5-22）等。

图 5-19　实体店情况

图 5-20　生产能力

图 5-21　品牌历史　　　　　　图 5-22　权威机构认证信息

6．福利展示

为了促使用户下单，很多产品详情页还会展示购买产品后可获得的福利，包括获得优惠券、享受折扣、获得赠品（见图 5-23）等，同时还会通过突出优惠幅度来吸引用户，如图 5-24 所示。

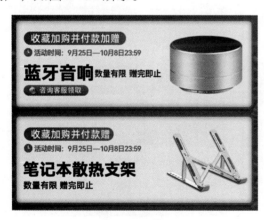

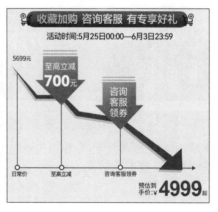

图 5-23　赠品　　　　　　　　图 5-24　强调优惠

✎课堂活动

　　某保温杯内胆为304不锈钢，外壳采用不锈钢内层食品级聚丙烯材质，杯盖采用弹盖设计，保温可达6小时。请为该保温杯设计产品详情页，不需要添加图片，只需写出各组成部分的主要内容即可。

5.3.2　产品详情页文案的写作技巧

仅靠精美的图片和详细的产品介绍不一定能够吸引用户并激发其购买欲望，文案人员还需要合理组织语言，通过文案突出产品的卖点，并运用一定的写作技巧。具体来说，常用的产品详情页文案写作技巧有以下几个。

1. 构建场景

文案人员可以构建一个具体的、生动的使用场景，通过生动的语言和形象的描述，引导用户想象使用产品的情景，提高产品的吸引力。在构建场景时，文案人员要注意描述出具体的细节，还要描述出感觉、听觉、味觉和视觉等，以激发用户的感官体验。例如，对于一款户外帐篷，场景描述可以是：想象一下，在宁静的森林边，您和家人坐在帐篷里，呼吸着野外清新的空气。

2. 解决痛点

痛点常常与用户对产品或服务的期望没有被满足而造成的心理落差或不满密切相关，这种不满最终会使用户产生痛苦、烦恼等负面情绪。文案人员可以先提出用户的痛点，然后通过介绍产品的效果、功能等解决用户的痛点，从而快速地打动用户，进而使用户产生购买行为。例如，图5-25所示的产品详情页文案就首先提出了东西乱摆、取物困难的痛点，然后展示使用收纳盒收纳后方便、整齐的效果，告诉用户购买收纳盒就能解决痛点。

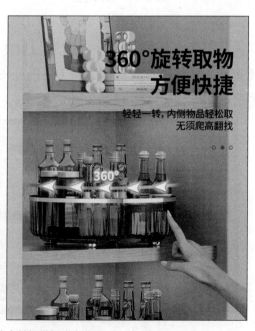

图5-25　描述痛点并提供解决方法

3. 突出产品文化内涵

在产品详情页文案中突出产品的文化内涵可以赋予产品独特的魅力，提高产品附加值。文案人员可以从产品的设计理念或思路（见图5-26）、产品的寓意（见图5-27）、产品的地域特色等角度入手。在介绍产品文化内涵时，文案人员要尽量增加语言的文采，不宜使用口语化表达；为丰富文化内涵，文案人员还可以加入古诗词、成语、民间谚语等。

01 构想

国宝熊猫同时也是川蜀代表形象。蜀锦以丝代笔，将两只熊猫的亲昵与灵动刻画于丝线之上，与自然之景相结合，传递美好寓意。

友谊熊猫-竹叶

两只熊猫嬉戏于竹叶前，有着竹林之贤的寓意。熊猫与竹林相衬，熊猫代表的吉祥和竹子的气度不凡相结合，有着贤者之交风度翩翩的美好寓意。

图 5-26　产品的设计理念或思路　　　　图 5-27　产品的寓意

4．使用对比

产品质量、价格、材质和服务等都可以作为对比的对象，文案人员可以从用户关心的角度出发，对可能引起用户关注的问题进行对比分析，从侧面突出产品的优点。例如，服装类的产品可从做工、面料、厚薄、质地等方面来进行对比；食品类产品可从其产地、包装、密封性、新鲜程度、加工方法等方面进行对比；护肤类产品可从使用前后效果方面进行对比。例如，图 5-28 所示的冰箱详情页文案就运用了对比手法，从节能度、使用效果、智能化程度等方面进行对比，凸显产品的优势。

对于一些需要明确产品尺寸的产品，可通过参照物来进行对比，以突出产品的具体大小、厚薄等。例如，抱枕、沙发以人为参照物进行对比，笔记本电脑以书包为参照物比照大小，书本以硬币为参照物衡量厚薄，便携充电宝以手机／卡片为参照物对比大小（见图 5-29）。

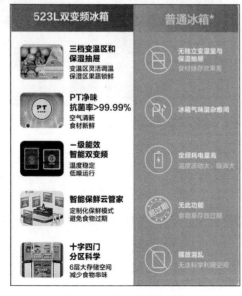

图 5-28　与同类产品对比　　　　　图 5-29　参照物对比

素养提升

　　《中华人民共和国广告法》规定，广告不得贬低其他生产经营者的商品或者服务。《中华人民共和国反不正当竞争法》规定，经营者不得编造、传播虚假信息或者误导性信息，损害竞争对手的商业信誉、商品声誉。因此，文案人员在进行产品对比时要客观公正，同时要保证信息的真实性，做到诚信公正。

5．讲述故事

　　一个优秀的故事能调动用户的情绪，为产品添加附加值，使用户对产品产生深刻印象。讲故事的切入角度很多，文案人员可以讲述创始人创建品牌的故事，如创始人为何决定创业、创业过程中体现出的环保理念、敬业精神等，也可以讲述产品生产过程的相关故事，如生产者挑选优质原材料制造产品，工人改进生产流程提升生产效率等，增强用户对品牌的认同感。

 案例分析：某品牌蜂蜜产品详情页讲述采蜜日常

　　某品牌蜂蜜产品详情页除介绍蜂蜜的信息，还讲述了采蜜人的日常，如图5-30所示。

图5-30　采蜜人的日常

　　案例点评： 该产品详情页讲述了采蜜人前往大山深处采蜜的过程，语言朴实真挚，且包含各种细节，如早晨出发、山路陡峭、抬头寻找隐蔽的蜂箱、蜂蜜色泽鲜艳、花香浓郁等，故事充满了真实感。同时，所配图片真实完整，构图讲究，不仅辅助说明了文字内容，还增强了视觉冲击力。

5.4　产品海报文案的写作

海报以前主要是用于说明话剧、电影等演出的广告，以美观的设计吸引用户。如今，海报的范围已不再局限于戏剧、电影演出的广告张贴画，而是成为介绍产品、活动、公告等信息的招贴。就电商行业而言，海报主要用于宣传产品或商业服务，其文案设计要符合产品的格调，满足目标用户的需求，还要根据商业诉求为企业的商业目标服务。海报文案是指海报中的文字，它是海报的主题，用来展示海报的设计意义，海报中的图像则起着辅助表达的作用。

5.4.1　认识产品海报文案

产品海报文案是指在产品销售和推广过程中，用于宣传和展示广告的海报文案。它的作用是吸引用户的注意力，传递产品的卖点、特点、使用体验等信息，从而激发用户的购买欲望。产品海报文案的构成要素通常包括以下5个方面。

1．标题

标题是产品海报文案的核心部分，通常位于海报的顶部或中央，常用粗体或与其他文字不同的字体样式来突出显示。标题应简短有力，能够迅速吸引用户的注意力，它可以是产品的名称，也可以是产品的卖点。例如，图5-31所示的产品海报中，标题"不是所有椰子都叫香水椰"就突出了产品卖点——原料优质。

图5-31　标题突出产品卖点

2．副标题

部分产品海报文案还有副标题。副标题通常位于标题下方，主要作用是提供更多的细节，进一步解释或补充标题所传达的信息。例如，图5-32所示的产品海报中，副标题"东方金桂　馥郁传香"就强调了产品富桂厚乳拿铁的核心特质——桂花香，也是对标题"富桂厚乳拿铁"中的"富桂"二字的补充说明。

图 5-32　副标题补充说明

3．产品描述信息

产品描述信息主要包括产品的规格、特点、优势等具体信息，通常以短语或关键词的形式呈现，以确保用户能够快速理解。为了与标题、副标题形成区别，产品描述信息的字体通常较小，排版上位于海报边缘位置。

4．行动号召

行动号召通常是一个明确的指示，告诉用户应该采取什么行动，如"立即购买""上××搜一搜""扫码了解更多"等。行动号召通常采用较小的字体，且位于海报底部。例如，图 5-33 所示的产品海报中，底部的"微信搜一搜'幸福西饼'立享优惠"就属于行动号召。

图 5-33　行动号召

5. 促销信息

部分产品海报文案还包含促销信息。促销信息应采用简洁直观的文字搭配具体的数字来明确优惠的幅度（如立减10元）、折扣力度（如买两件打8折）、促销价格（如低至29.9元）等，一方面避免产生歧义，另一方面刺激用户的购买欲望。

> **专家指导**
>
> 实际上，产品海报除了文案，还包括产品图片、品牌Logo、二维码等元素。其中，产品图片应精致、美观、清晰，给用户以视觉冲击力；而品牌Logo则应突出显示，让用户能够快速地辨认品牌；二维码则可以引导用户快速扫描了解更多信息，或直接进入购买界面。

5.4.2 产品海报文案的写作技巧

产品海报文案作为展示产品的直接方式，在很大程度上影响了产品的传播广度，为发挥产品海报文案的积极作用，文案人员可以参考以下6种写作技巧。

1. 明确利益诉求

明确利益诉求是一种常见的海报文案写作技巧，它直截了当地呈现产品的好处，使用户能迅速理解产品价值。至于要表现什么利益，文案人员要从用户的需求出发进行选择，并注意简洁明了地传达信息。例如，当下很多用户关注健康，倾向于控制热量摄入，图5-34所示的奶茶海报文案中就直接表现了该奶茶的热量很低，告知用户饮用该奶茶不用担心发胖，满足用户的需求。

图5-34 明确利益诉求

2. 语言幽默诙谐

幽默是赢得用户好感的有效手段。通过幽默风趣的文字表达，文案可以吸引用户的眼球，让用户感到愉悦，从而对产品产生更积极的印象。这种技巧适用于针对年轻用户的产品文案，但需注意适度幽默，以免冒犯用户。例如，图 5-35 所示的产品海报文案，从青椒联系到"椒绿"，再通过谐音与"焦虑"建立关联，语言朴实，体现了一种小幽默，让不少用户会心一笑，留下深刻印象。

图 5-35 体现幽默

3. 对比衬托

对比是一种在处理对立冲突艺术中经常采用的表现方式，这里的对比不是文案字体的对比，而是将产品海报文案中所描绘产品的性质和特点放在鲜明对照和直接对比中进行表现，借彼显此，互比互衬，借助对比所呈现的差别，达到集中、简洁、曲折变化的表现效果。通过这种方式，文案可以更鲜明地强调或揭示产品的性能和特点，给用户留下深刻的视觉印象。例如，图 5-36 所示的产品海报文案就将单人沙发与摇篮进行对比，强调单人沙发比摇篮更能哄孩子睡觉，突出单人沙发的摇摆哄睡的特点。

图 5-36 对比衬托

4．以情托物

用户欣赏海报的过程，就是与海报不断交流感情、产生共鸣的过程。产品海报文案可以借用美好的感情来烘托主题，文案人员只需真实而生动地反映这种美好的感情就能获得以情动人的效果，从而达到促进产品销售的目的。例如，图5-37所示的产品海报文案，充分使用了以情托物的手法，将孙子与奶奶之间的情感浓缩于产品——乳胶凉席中，让普通的产品变成了人们情感的载体，比单独宣传产品的功能、卖点更容易打动用户，使用户对产品产生好感。

图5-37　以情托物

5．合理夸张

合理夸张是指对文案中所宣传的产品品质或特性等在某个方面进行明显夸大，以加深或扩大用户对这些特征的认识。合理夸张不仅能更鲜明地强调或揭示产品的实质，还能使产品海报文案产生一定的艺术效果。例如，图5-38所示为瑞幸推广新饮品的海报文案，"一口吞云""这一杯在大气层"的说法夸张地表现了饮用该饮品的美妙感觉，突出了该饮品口感轻盈绵密的特点，十分生动形象。

6．巧妙引用

使用引用手法可以让产品海报文案更加生动、有吸引力。具体来说，产品海报文案可以引用的内容包括名人名言、经典电影台词、古诗词、成语、网络流行语等。在引用时，文案人员要确保引用的内容与产品或服务相关，不要做毫无意义的引用。例如，图5-39所示的产品海报文案就引用了网络流行语"说走就走的旅行"，并与手机的拍照功能建立了关联。

图 5-38　合理夸张

图 5-39　引用网络流行语

5.5　课堂实训

实训一　提炼自行车的卖点

某网店推出了一款折叠自行车（见图 5-40），现需要提炼其卖点，为写作电商产品文案做准备。该自行车的尺寸有 16 寸、20 寸、22 寸可选，颜色有蓝色、粉红、白色、黑色可选；采用便携式折叠设计，可以轻松折叠成更小的形态，可放进后备箱；其框架采用高质量的铝合金，具有出色的耐用性；配备七速变速器，骑行者能够根据路况和个人需求轻松调整速度；采用前后碟刹系统，提供更强大的制动性能，确保骑行安全；保修期为 5 年。

图 5-40　折叠自行车

1. 实训目的和要求

通过本次实训，巩固提炼产品卖点的方法，具体要求如下。

（1）使用 FAB 法则提炼产品卖点。

（2）使用产品属性提炼法提炼产品卖点。

2. 实训步骤

根据实训要求，分别使用 FAB 法则和产品属性提炼法提炼折叠自行车的卖点，具体步骤如下。

STEP 01 ◆使用 FAB 法则提炼产品卖点。提炼时注意每个 F 对应一个 A、B，三者环环相扣，逻辑上有因果关系。为使卖点更直观，可将卖点填写在表格中，其中 F 列可以选择适合挖掘作用和利益的属性，而 A 列则根据 F 列的属性推导出作用，B 列则是站在用户需求和体验的角度进行总结提炼。使用 FAB 法则提炼折叠自行车卖点如表 5-3 所示。

表 5-3　使用 FAB 法则提炼折叠自行车卖点

序号	F	A	B
1	可折叠设计	在不使用时可以轻松折叠，方便存储和携带	随时随地使用，户外骑行更方便
2	高质量铝合金框架	十分耐用，使用寿命长	减少维护成本
3	七速变速器	支持在不同地形和路况下调整速度	更舒适的骑行体验，更容易适应各种路况
4	前后碟刹系统	提供更强大的制动性能	降低风险，骑行更加安全

STEP 02 ◆使用产品属性提炼法提炼产品卖点。产品属性提炼法是指从产品价值属性、形式属性、期望属性和延伸属性 4 个角度提炼产品卖点。其中，价值属性即使用价值，对该自行车来说就是代步、骑行；形式属性针对的是产品的外观、大小等，对该自行车来说就是多种尺寸、颜色选择；期望属性针对的是用户普遍期望自行车具备的特点，对该自行车来说就是安全、适用于不同路况；延伸属性针对的是产品的附加价值，对该自行车来说就是耐用、保修期为 5 年。

实训二　为日用品写作产品详情页文案

某网店推出了一款干湿分离化妆包，打算为其写作产品详情页文案。其产品信息如下。

- **干湿分离设计**：一侧防水，另一侧沥水。
- **大容量、大开口设计**：内置两个大口袋，方便取放各种物品。
- **顺滑拉链**：高品质合金拉链，轻松开合，耐拉。
- **加宽提手**：人性化设计，提起来省力，携带方便。
- **防污耐脏**：采用聚氯乙烯材质，清理方便。

- **尺寸可选**：中号和大号，中号尺寸为 25cm×15cm×17cm，大号尺寸为 31cm×15cm×21cm。
- **颜色可选**：蓝色和灰色。

1．实训目的和要求

通过本次实训，巩固产品详情页文案的写作方法，具体要求为：为该化妆包写作产品详情页文案，应包括产品整体展示、产品细节展示、产品卖点介绍、产品详细信息介绍 4 部分内容。

2．实训步骤

根据实训要求，为化妆包写作产品详情页文案，具体步骤如下。

STEP 01 设计产品整体展示。整体展示的文字内容需要介绍清楚产品的名称以及产品的核心卖点。核心卖点只需要选择一个——干湿分离设计，不做展开阐述，其表述可以优化为——干区防水，湿区沥水。配图部分，需要将化妆包放置在具体的场景中，让用户对产品有一个直观的认识。设计好的产品整体展示如图 5-41 所示。

STEP 02 设计卖点"干湿分离设计"的介绍。由于产品整体展示已经介绍了"干湿分离设计"，为避免重复，可以将表述换为意思相近的"分区存放"。但该说法较抽象，还应对其进行举例说明，如湿毛巾放湿区沥水，可以防止发霉发臭。配图部分，则应展示将毛巾放进包里的场景，并使用文字进行辅助说明。"分区存放"卖点介绍的展示效果如图 5-42 所示。

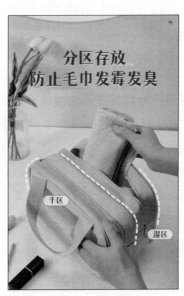

图 5-41　设计好的产品整体展示　　　　图 5-42　"分区存放"卖点介绍的展示效果

STEP 03 设计卖点"大容量、大开口设计"的介绍。针对该卖点，文案人员可以从该化妆包带来的好处入手，如方便拿取、更能装、高瓶水乳也能装等。而配图则需要展示该化妆包敞开、里面装满各种物品的场景，体现其大容量的特点。"大容量、大开口设计"卖点介绍的展示效果如图 5-43 所示。

STEP 04 ◇ 设计卖点"防污耐脏"的介绍。针对该卖点,文案人员可以使用更加直观的动词描述,如"一擦即净"。而配图则需要展示使用纸巾擦掉该化妆包表面污渍的场景,体现其耐脏性。"防污耐脏"卖点介绍的展示效果如图 5-44 所示。

图 5-43 "大容量、大开口设计"卖点介绍的展示效果

图 5-44 "防污耐脏"卖点介绍的展示效果

STEP 05 ◇ 设计产品细节展示。对该化妆包来说,其需要重点展示的细节主要是提手和拉链。介绍提手的文字部分可以从舒适度的角度入手,拉链则可以强调耐用、使用寿命长。配图部分,则需要选择高清晰度的特写图片。产品细节展示的最终效果如图 5-45 所示。

STEP 06 ◇ 设计产品详细信息介绍。该化妆包需要展示的详细信息不多,仅有产品名称、产品材质、产品颜色、产品尺寸。产品尺寸最好使用图片来展示,并用数字标注,便于用户理解。产品详细信息展示的最终效果如图 5-46 所示。

图 5-45 产品细节展示的最终效果

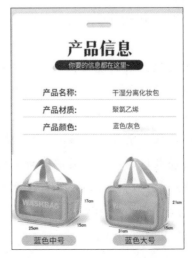

图 5-46 产品详细信息展示的最终效果

5.6 课后练习

1. 选择题

（1）【单选】USP 的中文含义是（　　　）

　　A. 独特卖点　　　　　　　　　　B. 唯一卖点

　　C. 核心卖点　　　　　　　　　　D. 核心功能

（2）【多选】产品详情页文案的组成包括（　　　）。

　　A. 产品整体展示　　　　　　　　B. 产品细节展示

　　C. 产品卖点介绍　　　　　　　　D. 产品或品牌实力展示

（3）【多选】产品的文化内涵包括（　　　）。

　　A. 历史和传统　　　　　　　　　B. 价值观

　　C. 民间传说　　　　　　　　　　D. 地域文化

2. 填空题

（1）主图文案的写作要求包括_____、_____、

_____、_____。

（2）产品属性提炼法可以从_____、_____、

_____、_____角度入手。

（3）FAB 法则中的 F、A、B 分别代表_____、_____、

_____。

3. 判断题

（1）产品详情页文案的描述可以夸大一些产品信息。　　　　　　（　　）

（2）写作产品主图文案时可以使用数字展示信息。　　　　　　　（　　）

（3）产品详情页文案中可以展示产品细节图。　　　　　　　　　（　　）

4. 实践题

现有一款新型无线吸尘器（见图5-47），其产品信息如下。

- 吸力高达25kpa，能轻松吸走家中的各种灰尘和污垢。

- 无线设计，免去烦琐的电线束缚。

- 超长电池续航，一次充电可连续使用60分钟以上。

- 精巧轻便，重量仅1.1kg，方便储存和携带。

- 具有高效过滤系统，提供清新室内空气。

- 配备一款地刷，两款功能刷头（床褥刷头、缝隙刷头）。

请为其撰写产品主图文案和产品详情页文案的卖点介绍（仅需写作文字部分）。

图5-47　无线吸尘器

第6章 品牌文案的写作

学习目标

- 了解品牌的含义、要素和价值。
- 掌握品牌名称、品牌口号、品牌故事的写作方法。

素养目标

- 培养终身学习意识，提高写作品牌文案的能力。

知识结构图

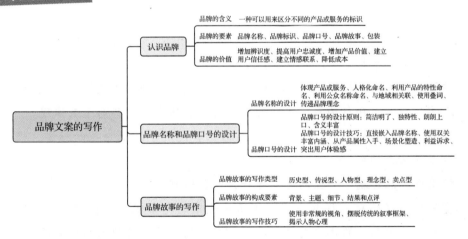

6.1 认识品牌

在当前的市场竞争中，品牌扮演着重要的角色，它不仅代表着企业的形象和价值观，还有利于提高产品价值。因此，对任何一家企业来说，打造和维护品牌都至关重要。对文案人员而言，认识品牌的含义、要素以及价值，可以为创作出更具吸引力和竞争力的品牌文案打下基础。

6.1.1 品牌的含义

不同学者或机构对品牌的定义不同。营销学者麦克·威廉认为，品牌是用于识别产品的区分标志，也是更有效沟通的代码。大卫·奥格威认为，品牌是一种错综复杂的象征，它是品牌的属性、名称、包装、价格、历史、声誉、广告风格的整合。美国市场营销学会认为，品牌是一种名称、术语、标记、符号或设计，或它们的组合运用，以识别某个销售者或某群销售者的产品或服务，并使之与竞争对手的产品或服务区别开来。

综合以上叙述，可以将品牌定义为：品牌是一种可以用来区分不同的产品或服务的标识，包括对产品或服务的外观、内涵、传递的价值、文化等方面的感觉和知觉的总和。品牌具有独特性、价值性等多个方面的特点。

- **非物质性**。品牌是无形的、非物质的，可以通过各种物质载体（包括标识、图形、文字、声音）和行为载体（如管理者行为、研发设计行为）来体现。
- **独特性**。品牌是独特的，作为企业标识和区别于其他企业的标志，吸引用户注意并选择购买。
- **价值性**。品牌属于企业的无形资产，能创造利润。
- **竞争性**。品牌可以提升企业在市场竞争中的竞争优势。在大量产品同质化的今天，注重品质的用户更可能购买知名度高、信誉度高的品牌的产品。
- **动态性**。品牌是动态变化的，需要企业进行动态调整和管理，一旦管理不善，品牌就可能贬值。

6.1.2 品牌的要素

品牌要素是指那些用于识别和区分品牌的特定设计元素，这些元素共同构成了品牌的视觉和声音识别体系，帮助用户在众多品牌中准确地识别出特定的品牌。常见的品牌要素包括品牌名称、品牌标识、品牌口号、品牌故事、包装等。

- **品牌名称**。品牌名称是品牌的基本要素，它代表了品牌的声音符号，用于辨别和传达品牌信息。
- **品牌标识**。品牌标识是一种视觉形象，包括商标和徽标等，用于在市场中识别和记忆品牌。

- **品牌口号**。品牌口号是简短、有创意的句子或词语，用于表达品牌的核心价值观和特点，提升品牌的认知度和记忆性。
- **品牌故事**。品牌故事是品牌的历史、价值观、使命和愿景的叙述。它能建立品牌与用户之间的情感联系，让用户在深入了解品牌后，增强对品牌的认同感。
- **包装**。包装是产品的外在形象，包括产品的外观、颜色、字体和设计等，用于吸引用户并传达品牌形象。

6.1.3　品牌的价值

从营销学的角度来看，品牌的价值主要体现在以下几个方面。

1．增加辨识度

品牌是企业的独特标识，可以使本企业的产品与竞争对手的产品区别开来，使本企业的产品在众多的产品中脱颖而出，以便用户识别和记忆。例如，用户在超市购买牙膏时，通过包装就能识别出牙膏的品牌。

2．提高用户忠诚度

品牌不仅可以帮助用户识别产品，还能建立用户对产品的信任和忠诚度。用户对品牌有忠诚度，可以促使他们持续购买该品牌的产品，从而为产品带来长期的市场份额。同时，良好的品牌口碑也可以通过用户的口口相传形成，吸引更多的潜在用户关注和购买品牌的产品或服务。

3．增加产品价值

品牌可以给产品带来附加值，也就是说，用户在购买产品时会考虑产品的品牌价值，并愿意为品牌支付更高的价格。这是因为品牌不仅代表了产品的质量，还满足了用户所期望的风格、口味、服务等方面的要求。

4．建立用户信任感

一般而言，某企业拥有品牌意味着该企业具有一定的实力和良好的信誉，能够为用户提供优质产品以及良好的售后服务，因而用户更倾向于购买有品牌的产品。这种信任不仅可以提高企业的竞争力，还有利于发展忠诚用户。

5．建立情感联系

品牌可以与用户建立情感联系，如一些品牌通过倡导某种价值观或生活方式引发用户的共鸣，如崇尚环保、追求时尚等，与用户的内心感受和追求相契合，从而增强用户对品牌的认同感。

6．降低成本

品牌作为一种识别符号，可以轻易被用户认可和记住，这降低了企业吸引潜在用户的营销成本。此外，品牌的知名度和美誉度可以增强用户主动购买的意愿，降低企业开展促销、折扣活动等的成本。

6.2 品牌名称和品牌口号的设计

品牌名称和品牌口号是打造品牌的基础，因此，文案人员要想打造一个成功的品牌，首先需要设计一个朗朗上口、富有创意的品牌名称和强有力的品牌口号，以提升品牌的知名度和竞争力。

6.2.1 品牌名称的设计

品牌名称通常会影响用户的第一印象，简单易记且鲜明独特的品牌名称通常能提高产品的点击率和转化率，增加产品销量，同时也能节约品牌宣传的费用。文案人员在设计品牌名称时可从以下角度入手。

1. 体现产品或服务

体现产品或服务的品牌名称既鲜明又独特，用户看到这类品牌名称就能猜出品牌的主营产品或服务。这种类型的品牌名称在品牌建设和市场推广中有一定的优势，因为它们能够简化和突出品牌的定位，让用户直接了解品牌的产品或服务。使用这种方法命名的品牌有箱包品牌"麦包包"、租房平台"贝壳租房"、二手车买卖平台"瓜子二手车"等。

2. 人格化命名

一个好的品牌就像一个人一样，有自己的特点和独特之处。在给品牌进行人格化命名时有两种方式。

● **塑造拟人化的形象。** 这种方式通常需要创建一个虚构的卡通人物或拟人化的动物，然后将品牌与这个角色相关联。这个形象通常会有独特的性格特征、故事背景和外貌特征，使品牌更具个性和可识别性，如海尔兄弟。

● **与具体人物联系起来。** 这种方式是将品牌与一个真实的人物联系起来，通常是品牌的创始人。这个人物的故事、成就或特点将与品牌的特性相关联，为品牌赋予个人化的形象。例如，运动品牌"李宁"由我国体操运动员李宁创建，其人物本身具备的运动精神与品牌想要传达的精神高度一致，使品牌与运动紧密联系。

3. 利用产品的特性命名

利用产品的特性命名是目前品牌命名的常见方式，其方法是归纳出品牌所在行业或者产品类型中最有价值的卖点，或者产品的最佳使用效果，直接将这些特性作为品牌的名称。例如，洗护用品品牌中的飘柔、立白、舒肤佳等；饮料品牌中的鲜橙多、真果粒；等等。

4. 利用公众名称命名

日常生活中的动植物名称、常见物体的名称、日常用语和特定数字等都属于公众名称，这些名称已经储存在用户的脑海中，很容易被用户认可和传播。例如，用动物名称命名的品牌有小熊电器、蚂蚁金服、飞猪旅行等；用植物名称命名的品牌有相宜本草、佰草集、大麦网等；用日常用语命名的品牌有饿了么、去哪儿网、什么值得买网等；用数字命名的品牌有999感冒灵、361°等。

> **👤 专家指导**
>
> 品牌名称通常不能直接使用公众名称，而是需要对其进行修改并优化，使用一个差异化的词语对其进行修饰，如红牛、飞猪等。

5．与地域相关联

品牌名称与地域联系是一种常见的命名方法，它通过将品牌名称与特定地理区域（多为品牌产地、发源地）相关联，将用户对地域的信任和熟悉度转移到品牌上，借用地域的声誉和文化元素提高品牌的信任度。使用这种方法命名的品牌有云南白药、北京同仁堂、上海硫磺皂、保宁醋等。

6．使用叠词

叠词是指将两个或多个相同或相似的词语重叠在一起形成的新的词语或短语。在命名时使用叠词可以使品牌名称更加易于记忆和传播，同时还可以提高品牌的辨识度，典型代表有人人车、企查查、娃哈哈、拼多多等。

7．传递品牌理念

许多品牌的建立往往都有其核心理念，这种理念也可以在品牌名称中体现出来，如食品品牌追求安全健康的食品，日用品品牌致力于为用户带来高品质生活。这种命名方法能够很好地体现企业的特点和核心价值，深化用户对品牌的认知。例如，新希望乳业的品牌名称就体现出品牌积极进取、追求进步的理念，护肤品牌谷雨的品牌名称取自二十四节气，传递出品牌追求自然护肤的理念。

> **👤 专家指导**
>
> 一般而言，品牌名称以2～3个字为宜，尽量做到"短、简、响"。一个好的品牌名称通常要极易发音，最好音节简单、发音响亮、朗朗上口，避免使用拗口、生僻的词语，以便用户识别、记忆和传播。同时在互联网环境中，品牌名称还应便于搜索，因此不宜设计复杂的英文名称。

 案例分析：石头记的品牌名称设计

石头记是一个珠宝饰品品牌，至今已有三十多年的品牌历史，不仅在各大商场设有专柜，还借助互联网开辟了新的市场。石头记从加工生产转型到文创旅游，该品牌能有如此长久的生命力，与其品牌名称——石头记密切相关。图6-1所示为石头记的品牌故事及线下门店。

图6-1　石头记的品牌故事及线下门店

案例点评：第一，石头记这一品牌名称直接取材于经典的古典文学名著《红楼梦》的别名，简单易记，且富有古典文化内涵，有助于塑造品牌文化，且易于传播。第二，"石头"与其产品——珠宝有直接关联，能让人一下子就联想到产品的特性，给用户留下深刻的印象。

课堂讨论

分析"张君雅小妹妹""好欢螺""三九药业"分别采用了什么命名方法。

6.2.2　品牌口号的设计

品牌口号是用来传递有关品牌的描述性或说服性信息的短语，用于对外表达品牌在市场上的态度，突出品牌所代表的产品或服务的独到之处，或品牌希望对用户许下的具体承诺，以便加强用户对品牌的积极认知。

1．品牌口号的设计原则

品牌口号的特征是句式简短、朴素流畅、反复运用。要使品牌口号满足以上特征，文案人员在设计品牌口号时需要坚持以下原则。

（1）简洁明了。品牌口号应该简洁明了，用简短、明确的词语表达核心信息。口号通常只有几个词，因此每个词都应该有价值，能够迅速传达品牌的核心理念。例如，汰渍的品牌口号"有汰渍，没污渍"、好吃点的品牌口号"好吃你就多吃点"都十分简洁明了。

（2）独特性。品牌口号应该具有品牌自己的特色，体现一定的创意，与竞争对手的口号有所区别，以便自己的品牌在市场中脱颖而出。例如，Keep的品牌口号"自律给我自由"，采用与常规的自由就是无拘束的思维方式相反的表述来表现运动精神，与其他运动品牌的口号形成差异。

（3）朗朗上口。品牌口号应该朗朗上口，容易发音和记忆，以便用户识别、记忆和传播。具体来说，品牌口号最好要押韵，具有音乐感或节奏感。例如，欧派的品牌口号"有家有爱,有欧派"中,"爱"与"派"押韵;雪碧的品牌口号"透心凉,心飞扬"中,"凉"与"扬"押韵。

（4）含义丰富。品牌口号要包含多个层次的含义,从字面意思到更深层次的含义,能够为用户留有想象空间，让他们不断回味其意义。例如，海澜之家的品牌口号"一年只逛两次海澜之家"的深层含义是该品牌款式丰富；361°的品牌口号"多一度热爱"的深层含义是在360°圆满的基础上再努力一步，追求更高程度的热爱和投入。

2．品牌口号的设计技巧

一个好的品牌口号能准确地传达出品牌的核心价值，因此文案人员在设计品牌口号时需要使用一些设计技巧。

（1）直接嵌入品牌名称。直接嵌入品牌名称的品牌口号由品牌名称加上表达品牌内涵和特质的其他词语或短语组成。采用这种方式创作的品牌口号，实际上就是直接表明品牌的身份，简单明了地告诉用户"我是谁，我的品牌内涵是什么"，让用户能一下子记住品牌，加深用户的品牌印象。

例如，美团的品牌口号"美团，美好生活小帮手"，直接将品牌名称"美团"和品牌内涵"美好生活小帮手"组合在了一起，传达了美团的品牌定位。类似的品牌口号还有全家的"全家就是你家"。

> 👤 **专家指导**
>
> 品牌口号并不是一成不变的，根据品牌定位、品牌发展战略的不同，品牌口号在不同阶段会有所变化。例如，美团的品牌口号就从最开始的"吃喝玩乐，尽在美团"到"美团App，干啥都省钱"，再到"美团，美好生活小帮手"，可以看出，美团开始全面渗透用户的生活。

（2）使用双关丰富内涵。双关是在特定的语言环境中，借助语音或语义的联系，使语句同时关涉两种事物，表达双重含义，而又言在此意在彼的修辞手法。巧妙的双关具有点石成金的效果，能化平淡为有趣，给人回味空间。双关包括谐音双关和语义双关两种。

- **谐音双关**。谐音双关是指利用词语的同音或近音的条件构成的双关。具体来说，要写作谐音双关的品牌口号，可以在谐音词语原有词义的基础上增加与产品名称或产品特点相关的意义，将原有词义与产品相关的新含义巧妙地结合在一起，丰富品牌口号的内涵。例如，蔚来汽车的品牌口号"蔚来已来"中，"蔚来"谐音"未来"，整句品牌口号传达的意思是蔚来品牌创立，并将拥有未来。

- **语义双关**。语义双关是指以词语的双重含义为条件而构成的双关。语义双关的品牌口号通常既表达了品牌信息，又传达了深层的含义。例如，美的的品牌口号"原来生活可以更美的"，文案中的"美的"既是品牌的名称，又有"美好的事物"的意思，一词两义，将美的品牌与美的事物挂钩，向用户传递美的可以成就意想不到的美好生活。类似的品牌口号还有万家乐热水器的"爱使万家乐"、天大药业的"您的健康是天大的事"等。

（3）从产品属性入手。产品属性是指产品本身所固有的性质，是产品不同于其他产品的性质的集合。产品常见的属性包括历史、原材料、产地、工艺等。在撰写品牌口号时可以从产品属性入手，找到具有差异性或优势的某一个属性作为产品的核心点，如新包装、新技术、独特工艺、独家秘方等，然后通过文字的阐述与引导，形成独特的品牌口号。采用这种方式创作出的品牌口号，不仅能体现出产品的特点、功能、服务对象，还能加深用户的品牌联想，使品牌具有明显的竞争优势。

- **历史。**从产品的历史属性入手，简而言之就是通过品牌口号彰显品牌的发展历程。例如，中闽魏氏的品牌口号"制茶世家 三百年只为做一壶好茶"，通过"世家""三百年"凸显了品牌的历史悠久。类似的品牌口号还有谢裕大的"六代人 一杯茶"，正山堂的"传承红茶四百年"。

- **原材料。**品牌产品的原材料有时能够与其他产品形成差异，因此以产品的材质属性作为切入点，也能撰写出具有吸引力的品牌口号。例如，某纯棉家纺的品牌口号"纺自然棉，穿贴身衣"，说明产品的材质是"自然棉"，体现了产品的舒适；而简爱酸奶的品牌口号"生牛乳、糖、乳酸菌，其他没了"，则说明产品的原材料简单，没有其他添加物。

- **产地。**很多情况下，产品的产地就是产品的名片，如提到宁夏，用户会想到枸杞，提到湛江，用户会想到小龙虾，所以以产品的产地为切入点也是撰写品牌口号的常用方法。例如，茶叶品牌御牌的口号是"一品御龙井，尽享西湖美"就表明茶叶产地是杭州；农夫山泉的品牌口号"你喝到的是，长白山的春夏秋冬"就诗意地强调了矿泉水的产地——长白山，借助产地的知名度强调了产品的独特性。

- **工艺。**如果品牌产品的制作工艺具备明显的差异，或者工艺是独家掌握的，那么产品也能具备明显的竞争力，其品牌口号就可以与技术或工艺相结合，突出品牌亮点。例如，西关老阿婆的品牌口号"煲足8小时，正宗西关味"，胡姬花的品牌口号"传承古法，追求极致老油坊的香"。

（4）场景化塑造。场景化塑造是指塑造产品的使用场景。在进行产品的场景化文案创作时，文案人员应该清楚地了解用户会用到产品的场景，分析这些场景的场合、对象、时间、心理活动、目的等因素，然后提炼出该场景下的主题，如庆祝节日、宴请等，并将品牌与该场景进行绑定。例如，马蜂窝的品牌口号"旅游之前，先上马蜂窝"就将品牌与场景——旅游前了解资讯绑定；六个核桃的品牌口号为"经常用脑，多喝六个核桃"，就将品牌与场景——经常用脑绑定。类似的品牌口号还有麦斯威尔咖啡的"好东西要与好朋友分享"，溜溜梅的"没事就吃溜溜梅"。

（5）利益诉求。利益诉求是品牌口号中的一种常见方式，它侧重于强调产品或服务给用户带来的实际好处或利益。这种方式的品牌口号通常使用精练准确的文字来直截了当地传达产品的价值。例如，瓜子二手车的品牌口号"瓜子二手车直卖网，没有中间商赚差价"就突出了"价格低"的利益点；王老吉的品牌口号"怕上火，喝王老吉"就突出了"防止上火"的利益点。

（6）突出用户体验感。品牌可以从用户的使用感受出发，突出用户体验感，这有利于用户形成对产品的使用认知，特别是将积极性质的消费体验作为品牌口号，更能促进用户的购买行为。例如，冷酸灵牙膏的品牌口号"冷热酸甜，想吃就吃"，表现了在冷酸灵牙膏的帮助下，用户可以实现想吃就吃的饮食体验；麦斯威尔咖啡的品牌口号"滴滴香浓，意犹未尽"则描绘了品味咖啡后回味无穷的体验。类似的品牌口号还有德芙"纵享丝滑"，统一老坛酸菜面"这酸爽，不敢相信"。

6.3　品牌故事的写作

品牌故事是整合品牌发展过程中的产品信息、品牌形象、品牌文化等基本要素，加入时间、地点、人物以及相关信息，并以完整的叙事结构或感性诉求信息的形式传播推广的故事。品牌故事是品牌文案的主要类型，因为故事的形式容易被用户接受，所以生动的品牌故事可以引起用户对产品的共鸣和对品牌文化的深切认同。

6.3.1　品牌故事的写作类型

故事是一种与用户产生情感连接和价值认同的沟通形式。无论文案人员选择创作哪种类型的品牌故事，都应根据自身条件和品牌特性找到能引起用户共鸣的地方，写出能打动用户的内容。品牌故事的文案写作包括以下5种类型。

1．历史型

讲述品牌的历史故事，是撰写品牌故事的常用方式。品牌存在时间的长短有时是评判品牌优劣的标准之一，在大浪淘沙的漫长岁月中，一般只有优秀的品牌才能幸存下来，并做到历久弥新。历史型品牌故事是一种讲述品牌起源、发展以及传承等的故事，主要通过长久的发展历史展示品牌经得起时间和用户的检验。这类品牌故事一般包括：品牌从创建到走向成功所经历的困难、品牌发展过程中的感动事迹、品牌每个发展阶段的关键举措、品牌所取得的成绩和获得的荣誉等。历史型品牌故事一般用坚持不懈的精神来打动用户，从而使用户对品牌产生敬意与好感。例如，图6-2所示为全聚德历史型品牌故事，其强调了该品牌悠久的历史和品牌的由来。

2．传说型

通过讲述一个传说故事表现品牌特征，就是所谓的传说型故事。这个故事可以是流传至今的故事，也可以是编撰加工的故事。例如，某茶叶品牌的品牌故事就讲述了一个状元与茶叶的传说，如图6-3所示。

全聚德

1864年，北京前门大街上一家名叫"德聚全"的干鲜果铺，因经营不善即将倒闭。一鲁在附近以售卖生鸡鸭养家糊口的杨全仁正好经过此处，面对即将空出来的店面，一鲁踌躇满志改变命运的杨全仁马上盘下了这家店铺，并改名为全聚德。

从此之后，一家只经营烤鸭、烧鸡和炉肉的小铺逐渐发展成为以烤鸭为龙头，集各大菜系之所长的中华老字号品牌，成为中华美食的代表、中外交流的桥梁，跨越三个世纪，续写着传奇的创业故事……

图6-2　全聚德历史型品牌故事

从前，有个晋阳的秀才丁显上京参加考试，路过武夷山时生病了，因腹痛晕倒在地。幸运的是，他被山中的一个高人救了。高人拿出储存的茶泡了一壶，并让他一起喝，救了他一命。获救后，丁显高中状元，并被招为东床。

一个春天，丁显回到武夷山，感谢高人的救命之恩。高人带他去武夷山九龙窠，他看见悬崖上长着三棵茶树，芽叶肥厚，枝叶茂盛。高人说："去年，你便是喝这种茶树的茶治好了鼓胀病。"听后，丁显要求当是皇帝准备一些，随后将茶带去了京城。碰巧皇后腹痛卧床不起，丁显立即拿出茶叶泡茶，让其服用。果然，效果很好。皇帝很高兴，赏了丁显一件大红袍去武夷山封赏。

来到九龙窠后，丁显把皇帝赐予的大红袍放在三棵茶树上，以感谢它们的恩情。当大红袍被掀开时，茶叶在阳光下闪闪发光，泛着紫红色，人们便说茶树被大红袍染成了红色。后来人们称这三棵茶树为大红袍。此后，大红袍成了每年的贡茶。

图6-3　茶叶传说型品牌故事

3．人物型

人物型故事是品牌故事的重要类型之一，这里的人物主要包括3种，分别是品牌的创始人，品牌的普通员工，以及品牌用户。

（1）品牌的创始人。一般而言，品牌的创始人通常都会经历一个艰苦奋斗的过程，在很多次的失败后才能获得最后的成功，拥有或大起大落，或屡败屡战，或兢兢业业，或数十年如一日等经历。把品牌创始人的这些经历写作成一个品牌故事，通常能对用户产生激励作用，引发用户的情感共鸣。

 课堂讨论

创始人品牌故事除了可以表现创始人白手起家的奋斗精神外，还可以有哪些叙述角度呢？

 案例分析：从母亲到品牌创始人——轩妈品牌故事

轩妈是一个专注烘焙食品研发生产的品牌，轩妈品牌故事如图6-4所示。

轩妈说

每位妈妈都希望能多些时间陪陪孩子，我在轩轩出生后也放下了工作，当起了家庭主妇。我喜欢为轩轩做各种手工零食，但轩轩有些挑食，为此我也费尽了心思来讨他喜欢。有一次，我做了蛋黄酥，轩轩竟一口气吃了三个，我心里高兴极了！这挑食的小宝贝竟然会那么喜欢这种食物，于是我就经常为轩轩做不同风味的蛋黄酥。

有一天，轩轩的小伙伴们来家里做客，吃了蛋黄酥后，都说太好吃啦！只见轩轩扬起他的小脸说："这是我妈妈做的！"那一刻，给了我满满的成就感！后来，其他妈妈们也慕名而来交流做法，都想着为自己的孩子制作一份有爱的蛋黄酥。

看着妈妈们和孩子们吃着蛋黄酥时温馨的画面，我很想向更多的朋友们传递这种温暖，于是就有了"轩妈蛋黄酥"。从为轩轩制作蛋黄酥，到为更多的朋友制作蛋黄酥，我始终认为：关心的爱，在于对健康食材的选择；用心的爱，来自对手工现做的坚持；美食承载着我们的心愿，能快乐分享的，就是爱！

图6-4　轩妈品牌故事

案例点评： 该品牌故事以第一人称的口吻和朴实真挚的语言讲述了品牌创始人创立品牌的背景，形象地刻画了一个用心的母亲形象，使品牌变得有血有肉，很容易使用户产生好感。

（2）品牌的普通员工。关于品牌的普通员工的品牌故事，主要通过普通人的人生经历或闪光点来感动用户。这类故事中的角色都是品牌的普通员工，讲述的也都是发生在这些人物身上的真实故事，真实地还原人物、事件和品牌产品，让整个故事看起来非常真实，生活化的语言也让用户有亲近感，因而更容易接受。这种类型的故事不仅有利于塑造品牌独特的形象，而且还能够为品牌故事提供新的素材。

例如，图6-5所示为京东的品牌故事，讲述了京东的一位客服人员细心指导用户购物的故事。该故事以朴实无华的语言详细地交代了客服人员与用户交流的全过程，虽然是一件不起眼的小事，但是体现了客服人员周到的服务态度，从侧面体现了京东服务的品质，有助于树立良好的品牌形象。

图6-5　京东的品牌故事

（3）品牌用户。当前，各大品牌都十分注重用户的感受，因此很多品牌故事会以品牌用户为主角，讲述用户使用某品牌产品前后的变化，或者围绕该品牌发生的一系列故事，品牌往往是故事中的重要线索。此类品牌故事可以让很多用户产生代入感和认同感，拉近品牌与用户之间的距离。

 案例分析：饿了么讲述用户与品牌间的故事

饿了么发布了一则品牌故事，讲述了一位即将离职的职场女生与同事之间的告别。该品牌故事的部分内容如下所示。

今天这个班就上到这里了，离职的时候和大家好好告个别。

（画面场景为主角边骑车边回忆）

再见，永远的"吃饭搭子"——糖糖，我的下午茶局，你总是第一个响应。

最能扛活的改稿天才小凯，项目里只要有你在，就踏实多了。

还有我们组的邹毅、嘉欣、丽子，大家一起熬过夜，挨过骂，拿下过大项目。

对了，亲爱的财务小姐姐，我那些卡点的报销，麻烦你啦。

（画面场景为同事们给主角举办欢送会）

下次一起喝奶茶，不知道是什么时候了。毕竟说再见很容易，真的再见却很难。职场有聚有散，还好我们总会有来有往，能遇见那些值得我们说"这杯我请"的人是一件多么幸福的事啊。

（画面场景为饿了么外卖小哥送来好几袋外卖）

主角笑着对同事们说：这杯我请。

（画面场景为同事们看到外卖条上主角给自己的暖心留言，如图6-6所示）

图6-6　主角给同事们的留言

案例点评：该品牌故事讲述一个普通饿了么用户的故事，将饿了么外卖融入故事情节中，让其成为主角与同事间情感的见证，让人感受到了职场的温情，也从侧面凸显了饿了么外卖与用户间的长久陪伴。该故事选取的是职场中十分常见的场景，没有刻意煽情、夸张，而是通过外卖条留言的细节表现人物间的情感，十分真实、感人。

4．理念型

理念型故事是指以品牌追求的理念、品牌的风格和品牌的定位为传播内容的品牌故事。理念型故事适合走差异化路线的品牌，人们只要听到某种理念或风格，就会马上联想到这个品牌。例如，图6-7所示的品牌故事强调了品牌的理念——解决中国人常见的肌肤问题，以及品牌定位——敏感肌护理。

贝泰妮集团掌门人郭振宇博士发现

外界刺激、不恰当的护肤方式、不健康的生活习惯……

会导致皮肤敏感趋势上升。想改善皮肤敏感问题

只能求助于皮肤科或购买昂贵的国外产品

而中国却没有一款针对性的护肤品

为了解决这一问题，他和团队开始了不懈探索

以"解决中国人常见的肌肤问题"为初心

集结国内外皮肤学、植物学、生物学领域的优秀人才

深入研究皮肤敏感问题发生的原因和机理，依托云

南丰富植物资源进行活性物筛选，进一步完善活性成分

提取及功效研究，最终才运用于产品配方中，推出了

中国敏感肌护理品牌——薇诺娜

图6-7　理念型品牌故事

5．卖点型

卖点型品牌故事，主要通过品牌故事来凸显产品工艺、优越产地、独特原料、核心技术、制作水平等产品卖点。例如，图6-8所示为1436小山羊绒稀有品的品牌故

事，其介绍了品牌名称"1436"的来历，并凸显了"每根羊绒纤维平均细于14.5微米，长于36毫米"的小山羊绒的精品规格，以及"将每件作品以120道工序精心处理"的产品材质和工艺卖点。

图6-8　卖点型品牌故事

6.3.2　品牌故事的构成要素

故事就是用语言艺术反映生活、表达思想感情的一种叙事类文体。品牌故事要么寓意深刻，要么人物典型或情节感人，总之就是要给用户留下深刻的印象。品牌故事一般包括背景、主题、细节、结果和点评5个要素，通过文字将这些要素生动地描写出来，是写作品牌故事的关键。

1. 背景

故事背景是指故事发生的有关情况，包括时间、地点、人物、起因等。需要注意的是，背景的介绍并不需要面面俱到，重要的是说明故事的发生是否有什么特别的原因或条件。

2. 主题

主题是指故事内容的主体和核心，是对某种理想的追求或对某种现象的观点，通俗地说就是故事要表达或表现的内容。主题的深浅与表现往往决定了故事价值的高低，文案人员需要将其融合在人物形象、情节布局、环境描写和高明的语言技巧中，并进行整体把握、分析和挖掘。主题可以通过以下要素来进行表述。

（1）人物。人物是故事思想主题的重要承载者，人物形象的塑造可以很好地反映故事所要表达的主题思想，揭示某种思想或主张。

（2）情节。情节在故事中起着穿针引线的作用，它可以将故事的开始、发展和结束串联起来，形成一个完整、生动的故事。情节的展开可以推动故事的发展，让故事层层深入，从而吸引用户。

（3）环境。文案人员对社会环境或生活环境的描写可以揭示或暗示某种思想，同时结合人物思想性格和背景描写，可以很好地描述故事所要表达的主题。

（4）抒情语句。运用情感化的语言和表达方式，可以表现故事的主题。

3．细节

细节描写就是抓住生活中细微的典型情节并加以生动细致的描绘，使故事情节更加生动、形象和真实。细节一般是精心设置和安排的，是不可随意取代的部分，恰到好处的细节描写能够起到烘托环境氛围、刻画人物性格和揭示主题的作用。常见的细节描写方法有语言描写、动作描写、心理描写和肖像描写等，不管采用哪种细节描写方法，都需要选择具有代表性、概括性、能深刻反映主题的事件进行描写，突出故事的核心，从而给用户留下深刻的印象。

4．结果

故事有起因当然就有结果，告诉用户故事的结果能够带给用户完整的阅读体验，有利于加深故事在他们心中的印象。

5．点评

点评即对故事所讲述的内容和反映的主题进行分析或发表一定的看法，以进一步揭示故事的意义和价值。点评应尽量从故事内容出发，且内容要言之有物，以引起用户的共鸣和思考。

 案例分析：别克讲述陪伴的故事

> 别克发布了一则品牌故事，讲述了别克汽车与用户之间的故事，具体内容如下。
>
> 汽车修理人员：车主您好，报价已经出来了，车的外观损坏得比较严重，修可能没什么必要，您还修吗？
>
> （画面跳转到过去，表示回忆）
>
> 旁白（车视角）：女儿2岁那年，老陈经历了创业失败和离婚的变故，成了一个单亲爸爸。一个人带娃的日子总是兵荒马乱，老陈心里特别没底，但他相信总有一天一切都会好起来。对，这不还有我呢。
>
> 老陈为了哄女儿开心，开始突发奇想，把我贴得花里胡哨的。一个男人，一个娃，一部车，日子就像孩子长大一样，不知不觉就蹿了个头。贴纸越来越多，孩子也越来越大。贴着贴着，我被贴成了"老铁"，日子越贴越好。老陈的事业有了起色，女儿也越来越懂事，但是我……（画面中车被撞坏）
>
> （画面跳回修车场景）
>
> 汽车修理人员：还修吗？陈先生。
>
> 老陈：修，我们修（看向女儿）。
>
> 女儿："老铁"我们等你，我们一起回家！
>
> 旁白（品牌视角）：一生的路很长，但比路还长的是陪伴。陪一个孩子长大，陪一个家落成，

陪一份情谊生长，陪一种信念生根。正是这些持续耀眼力量的陪伴，让我们不断进取。

　　案例点评： 该品牌故事篇幅不长，却要素齐全。背景——单亲爸爸老陈一边带女儿一边打拼事业；主题——见证着女儿长大及老陈事业发展的汽车被撞坏了；细节——老陈为了哄女儿开心，把汽车贴得花里胡哨的；结果——老陈决定不惜成本修理汽车；点评——陪伴代表着温暖与情谊，也侧面反映了品牌与用户间的陪伴，激励着品牌不断进取。

6.3.3　品牌故事的写作技巧

　　完整的故事结构有助于更好地叙述故事，但并不意味着这就是优秀的故事。要写好品牌故事，文案人员还要掌握一些必要的写作技巧，增加品牌故事的可读性和分享性，更好地展现品牌的文化内涵。

1．使用非常规的视角

　　文案人员使用非常规的视角是一种独特的写作技巧，可以让品牌故事更具创意和趣味性，为品牌故事增添引人入胜的元素。

　　（1）动物或自然界的视角。文案人员从动物、植物或自然元素的角度叙述品牌故事，可以为品牌赋予生动友好的形象。例如，蚂蚁森林的品牌故事"我是一棵树"就从树的视角进行第一人称叙述，讲述了树所见证的岁月变迁，传达环保的重要性。

　　（2）童年回忆的视角。文案人员将品牌故事设定在童年时光，以回忆和怀旧的方式叙述，可以激发用户的情感共鸣，让他们感受到品牌与自己的情感联系。例如，一家巧克力品牌以一个孩子的视角来叙述与巧克力有关的童年回忆。

　　（3）科幻或未来的视角。文案人员将品牌故事设定在科幻或未来的世界中，探讨品牌与技术、创新或未来趋势的关系，可以为品牌带来前瞻性和现代感。例如，一家科技公司以未来世界居民的视角来叙述其科技产品如何改变未来生活。

　　（4）外来者或外星人的视角。文案人员将品牌故事设定为一个外来者或外星人的视角，观察和了解人类世界，可以带来新奇感和观察者的独特见解。例如，一家旅游品牌以外星人的视角来叙述其对地球的探索和发现。

　　（5）时光旅行的视角。文案人员将品牌故事设定在时光旅行的情节中，让用户跟随主人公去往不同的时代，以展示品牌的历史渊源和演变过程。例如，一家百年老字号品牌以一个时光旅行者的视角来叙述品牌的演变史。

　　（6）品牌产品的视角。文案人员将产品置于日常生活场景中，将产品作为主人公来讲述其如何陪伴人们生活和成长，满足人们的需求或解决人们的问题。例如，别克品牌故事以汽车的视角，讲述陪伴车主和其家人生活的故事。

2．摆脱传统的叙事框架

　　摆脱传统的叙事框架是在品牌故事中创造独特和引人入胜的内容的方式之一。这意味着不拘泥于传统的叙述方式和故事结构，而是寻找新颖的叙事方式，以吸引用户的注意力，具体可以使用以下技巧。

（1）颠覆传统情节。文案人员改变传统的故事情节或结局，让用户感到意外，具体可以通过反转角色／情节的设定或引入不寻常的情节元素来实现。例如，某童装品牌发布了一则品牌故事，故事开头为"很久很久以前，公主都是住在城堡里的，因为人们说她是世界上最需要被保护的人。但有一天，公主决定离开城堡。"而后展现了女孩穿上品牌产品——盔甲服（见图6-9）去外面的世界闯荡的过程。该品牌故事以"给她一座城堡，不如给她一件铠甲"结尾，颠覆了童话故事的传统设定，表达了"真正的爱是放之自由并给予力量，使其勇敢向前"的全新理念，十分有新意。

（2）引入非传统媒体元素。文案人员将不同类型的媒体元素，如动画、漫画、音乐等，融入品牌故事中，打破传统的文字和图像叙事，创造多媒体体验。例如，五芳斋发布的品牌故事"下一步我们怎么办"就采用了动画的形式，并使用木偶来表现故事中的主角，如图6-10所示。

图6-9 盔甲服

图6-10 五芳斋品牌故事

（3）创造奇幻或幻想世界。文案人员将用户带入奇幻或幻想的世界，通过非现实的情景和角色，传达品牌的独特性和创意，唤起用户的想象力和好奇心。

 案例分析：飞猪讲述奇幻旅行故事

飞猪发布了"人生酷地图"系列品牌故事，其中故事"裂缝"（见图6-11）讲述了一个上班族女孩的南极之旅。故事内容如下。

一天，上班族女孩拖着疲惫的身体回到家，面对的是冰箱里发霉的食物和一连串的工作消息，感觉对生活失去了热情。她一不小心摔倒在地，地面突然裂开一道缝，她掉入缝中来到了一个码头。此时一个活泼的女孩出现，与她一起登上了"飞猪旅行"号邮轮去往南极。途中她们一起看海豚、冰川、海豹，在同伴的带动下，上班族女孩变得越来越开朗。二人一起穿过雪地去看极光，就在上班族女孩抬头看见极光想指给同伴看时，她才发现，雪地上只有自己的脚印，原来一路上陪伴她的是那个曾经快乐的自己。经过这次南极之旅，上班族女孩重新找回了对生活的热情。

图6-11 飞猪品牌故事

案例点评： 该品牌故事摆脱了传统的叙事框架，描写了一场奇幻之旅。其奇幻之处在于：主角通过掉入裂缝的方式前往码头；活泼女孩突然出现又离奇消失，原来活泼女孩就是另一个自己。这样的故事设定使一个旅行故事变得有新意，而且凸显出了"旅行的意义就是找回快乐的自己"的主题，发人深省。

3．揭示人物心理

人物的行为是故事的表面现象，人物的心理才是故事发展的内在依据。描写人物的心理即描写人物内心的思想活动，以反映人物的内心世界，揭露人物欢乐、悲伤、矛盾、忧虑等情绪，从而更好地刻画人物性格。

描写人物心理的方法很多，其目的都是表现人物丰富而复杂的思想感情，让故事更加生动形象和真实，且表达出人物的看法和感受。

（1）内心独白。内心独白是常用的一种揭示人物心理的描写方法，以第一人称描述为主，是人物倾诉内心情感、透露心理活动的重要手段。内心独白的表达方式并不单一，既可以通过一整段话来表达内心所想，又可以通过其他的方式进行表达。例如，某服装品牌的品牌故事以一段内心独白开头，内容如下所示。

我记得那是一个清晨，我从梦里醒来。

突然地清醒让我意识到，黎明是有声音的。

我开始在想，

有什么是24小时会一直陪伴我们的呢？

（2）动作暗示。除内心独白，还可以通过恰当的动作暗示来传达人物的心理活动。例如，图6-12所示为喜马拉雅九周年时发布的品牌故事，在讲述忙碌工作的儿子与父亲之间的故事时，就用挂电话、分享喜马拉雅App的节目等动作暗示人物烦躁和愧疚的心理。

图6-12 喜马拉雅九周年时发布的品牌故事

（3）心理概述。心理概述是通过第三人称的方式，以旁观者的身份对人物的内心活动进行剖析、评价，它不但可以细腻地表现人物当时的心理活动，还能在展开故事情节的过程中对人物的感情变化进行描述，是一种比较灵活的描写方式。

素养提升

　　要写出打动人的品牌故事，文案人员需要不断地提高写作水平。文案人员可以通过阅读经典文学作品、优秀作文、新闻报道等不同类型的文章来学习不同的写作方法。此外，文案人员还可以参加写作课程，并结合大量写作实践来提升自己的写作能力。

6.4　课堂实训——为咖啡品牌写作品牌文案

　　王志是一位经验丰富的咖啡烘焙师。2021 年，他创立了自己的咖啡品牌"咖乡"，主打精品手工烘焙咖啡，主营产品包括各种单源咖啡豆和特调咖啡，目标用户是注重生活品质的都市白领。为了提升"咖乡"的品牌知名度，王志安排员工小娜写作品牌口号和品牌故事来宣传"咖乡"。

1．实训目的和要求

　　通过本次实训，掌握品牌口号和品牌故事的写作方法和技巧，具体要求如下。

　　（1）为该品牌写作品牌口号。

　　（2）以品牌创始人为切入点，为该品牌写作品牌故事。

2．实训步骤

　　根据实训要求，为"咖乡"品牌写作品牌口号和品牌故事，具体步骤如下。

STEP 01 ◆**写作品牌口号**。根据品牌名称"咖乡"可以联想到"咖香"一词，因此可以采用双关的方法，将品牌名称"咖乡"嵌入品牌口号中；同时考虑到品牌的目标用户注重生活品质，也可以将其作为要点植入品牌口号中。此外，品牌口号需简洁明了、易于识别。根据以上要点，确定品牌口号为"品味咖乡，品味生活"。

STEP 02 ◆**收集整理品牌故事资料**。小娜向王志了解了他创立品牌的经历以及想法，并进行了整理，如图 6-13 所示。

> 　　创始人王志，来自盛产咖啡豆的云南保山，曾在国际知名咖啡店工作，积累咖啡烘焙经验，梦想着能够将家乡的咖啡豆带到全国和全世界，因此他创立了咖啡品牌"咖乡"，主营精品手工烘焙咖啡。
> 　　为了使咖啡呈现出更好的口感，王志不断研究咖啡豆的来源、种植条件，以及烘焙工艺等，最后，他决定与咖啡种植户合作，精选优质的咖啡豆。他尝试各种不同的烘焙方法，确保每一杯"咖乡"咖啡都散发出浓郁香醇的风味，让人回味无穷。如今，"咖乡"品牌已经获得了不少人的喜爱，王志希望该品牌未来能成为高品质云南咖啡的代名词。

图6-13　整理的资料

STEP 03 ◆**撰写初稿**。根据创始人创立品牌的经历和品牌故事的构成要素来写作文案初稿。

　　背景：王志希望能够将家乡的咖啡豆带到全国和全世界。

　　主题：王志创立了"咖乡"品牌，并为提升咖啡口感做出了很多努力。

细节：王志与产地咖啡豆种植户紧密合作，精挑细选优质的咖啡豆，投入大量时间和精力，探索烘焙工艺，以确保每一杯"咖乡"咖啡都能散发浓郁香醇的风味。

结果：品牌获得认可，愿景成为品质咖啡代名词。

点评：功夫不负有心人，王志的努力为更多人带来了较好的咖啡体验，让世界了解其独特风味。

STEP 04 ◇ 修改稿件。初稿稍显生硬且内容过于简略，为了使品牌故事更加生动、有吸引力，需要使用更加生动的表述，充实故事细节。另外文案人员还可以揭示人物心理，展现创始人的内心真实想法，表现创始人对家乡以及咖啡的热爱，以引发用户的共鸣。写好的品牌故事如图 6-14 所示。

> 王志，生于盛产咖啡豆的云南保山。从小，漫山的咖啡树就在他的记忆中留下深刻的印记。在这里，咖啡豆不仅仅是一种农产品，更是家乡的珍宝，一种自然恩赐的美味。
>
> 年少时，他离开家乡，踏上了一段远行之旅，前往国际知名的咖啡连锁公司学习，希望在这里寻找咖啡烘焙的奥秘。他每天沉浸在咖啡烘焙的世界中，忘记了时间。这是他对咖啡的热爱，也是他梦想的起点。
>
> 然而，他心中的梦想不止于此。他希望将家乡的咖啡带给更多的人，与世界分享这份特殊的美味。这个愿望驱使着他，让他毅然创立了"咖乡"品牌。
>
> 王志在追求卓越口感的道路上毫不懈怠。他将热情投入研究咖啡的来源和种植条件中，踏足咖啡豆农田，与当地咖啡豆种植户建立紧密的联系，精心挑选优质的咖啡豆。每一次尝试新的烘焙方法都是一次心灵的探险，每一次与咖啡豆种植户的合作都是一次心与心的交流。
>
> 这个过程充满了挫折和困难，但王志内心的热情却从未熄灭。他对家乡和咖啡的热情一直驱使着他，这也成为"咖乡"品牌的灵感来源。
>
> 如今，"咖乡"品牌已经赢得了广泛的喜爱和认可。王志希望，未来"咖乡"能成为高品质云南咖啡的代名词，为更多人带来美好的咖啡体验，让世界了解并喜爱云南咖啡的独特风味。

图 6-14　写好的品牌故事

6.5　课后练习

1．选择题

（1）【单选】品牌的价值不包括（　　　）。

　　A．增加辨识度　　　　　　　　　B．增加产品价值

　　C．提高用户忠诚度　　　　　　　D．增加人才流动

（2）【多选】品牌故事的构成要素包括（　　　）。

　　A．背景　　　　　B．主题　　　　　C．细节　　　　　D．结果

（3）【多选】品牌故事的写作类型包括（　　　）。

　　A．历史型　　　　　　　　　　　B．传说型

　　C．人物型　　　　　　　　　　　D．理念型

2．填空题

（1）常见的品牌要素包括＿＿＿＿＿＿＿、＿＿＿＿＿＿＿、＿＿＿＿＿＿＿、＿＿＿＿＿＿＿、＿＿＿＿＿＿＿。

（2）品牌口号的设计原则包括＿＿＿＿＿＿＿、＿＿＿＿＿＿＿、＿＿＿＿＿＿＿、

＿＿＿＿＿＿＿。

（3）采用双关撰写品牌口号的方法包括＿＿＿＿＿＿＿、＿＿＿＿＿＿＿。

3. 判断题

（1）内心独白以第一人称描述为主。 （　　）

（2）文案人员可以在品牌故事中引入非传统媒体元素，打破传统的文字和图像叙事，创造多媒体体验。 （　　）

（3）品牌故事只能写创始人自己的故事。 （　　）

4. 实践题

（1）现有一款"安净"牌智能扫地机器人，其核心卖点是高效吸尘、低噪声。请你为该品牌撰写一个品牌口号，从利益诉求的角度有效传达该品牌的价值和优势。

（2）现有一款"明心"牌有机燕麦片，产自内蒙古高原，选用当地有机燕麦为原材料，经过精细加工而成，营养丰富，口感香醇。其主要卖点是健康营养、适宜做早餐、不添加糖分、香气扑鼻。

该品牌创始人王强是一位对健康饮食有着浓厚兴趣的食品行业专家。他曾经在国外留学多年，学习食品科学和营养学。在留学期间，他接触到了有机食品的概念，并深受其影响。回国后，王强决定创建一款有机燕麦片品牌，为国内消费者提供健康、营养的早餐。

王强在内蒙古高原找到了理想的燕麦产区，与当地农民合作，采用有机种植方法，确保燕麦片的品质和安全。他还引进了先进的生产工艺和设备，开发出独特的燕麦片配方，将燕麦片的口感和营养价值完美地结合在一起。

请根据上述信息为该品牌写作品牌故事，要求描述王强创建"明心"品牌的初衷和经历，并突出该品牌的健康理念和产品特点。字数不少于500字。

互联网软文的写作

学习目标

● 认识软文的作用和分类，掌握软文的写作方法。

● 认识AI写作的优势和常用工具，掌握使用AI写作软文的方法。

素养目标

● 培养用户思维，充分考虑用户需求。

● 提高辨别能力，善于分辨AI写作的软文的真伪和优劣。

知识结构图

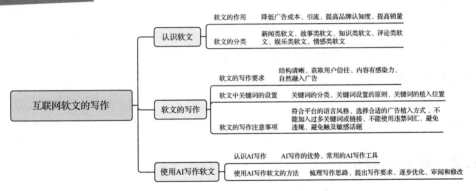

7.1 认识软文

软文，又称软广告、软性广告、软性新闻，是一种具有广告性质但外表呈现为新闻、特稿、评论、故事，或其他信息性内容的文案。软文的目的是将营销目的与文字有效融合，在无形中传递产品或品牌信息。

7.1.1 软文的作用

软文是一种有效的广告和营销工具，其作用主要体现在以下 4 个方面。

1. 降低广告成本

软文是一种相对低成本的广告手段，尤其适用于新兴或小规模企业，因为它通常不需要高额的广告费。优质的软文在网络上的生命周期较长，能够持续产生价值，从而为品牌创造更长时间的曝光。

2. 引流

软文中可以植入品牌的网站链接、App 或小程序下载二维码等，引导用户进入相应的渠道，能够有效实现引流。

3. 提高品牌认知度

软文可以通过讲述品牌故事、传达品牌的价值观，以及在内容中融入品牌标识和口号，提高品牌知名度，让更多人认识和记住品牌。

4. 提高销量

软文通常会通过隐藏的推广信息和委婉的暗示，吸引用户购买产品或服务，从而提高销量。

7.1.2 软文的分类

软文的类型多种多样，根据内容的不同，软文大体上可以分为以下 6 种类型。

1. 新闻类软文

新闻类软文是指企业向媒体主动提供的具有一定新闻价值的软文，主要以新闻报道为主，比如常见的新闻通稿、新闻报道（见图 7-1）或者媒体访谈等。当企业发生重大事件，或举办新产品发布会等活动时，文案人员可以通过新闻的形式进行预热或曝光。

2. 故事类软文

人们普遍爱听故事，好故事不但诙谐、幽默，还能使用户从中学到很多知识。如果将推广信息嵌入故事里，用户在看故事的同时，也接收到了故事中传递的推广信息，从而影响购买决策。

3. 知识类软文

知识类软文就是传播有价值的知识，同时有机结合广告信息的软文。其表现形式可以是产品测评、技能或经验分享（见图7-2）、知识科普、实践指导等，有助于增长用户的见识或帮助用户解决实际问题。

4. 评论类软文

评论类软文是指发表对企业新近发生的新闻事件或产品的看法或观点的软文。和新闻类软文不同的是，评论类软文更侧重于提出观点，而不只是描述事件。

5. 娱乐类软文

娱乐类软文是一种以提供娱乐为主要目的的软文，用户对此类软文一般会有较大的兴趣。它通常会涉及与娱乐相关的话题，如影视娱乐、音乐等。

6. 情感类软文

情感类软文主要以情动人，从而获得用户认同，可以涉及亲情、友情、爱情、个人情绪处理（见图7-3）等。在写作这类软文时，文案人员要学会渲染情感，对情感的描述要具有感染力，以便打动用户。

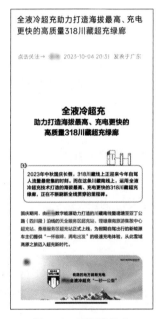

图7-1　新闻类软文　　　图7-2　知识类软文　　　图7-3　情感类软文

7.2　软文的写作

在这样一个信息爆炸的时代，各大平台都不缺乏软文，只有高质量的软文才能脱颖而出，吸引用户眼球，进而取得预期的营销效果。

7.2.1　软文的写作要求

软文是品牌或产品推广的重要手段，因此，写作高质量的软文非常重要。通常来说，软文的写作需要满足以下要求。

1．结构清晰

软文包含标题、开头、正文、结尾等部分，其结构应该清晰明了：文案人员可以使用一个明确的标题准确传达文章的主题和核心内容；文案人员在开头提供一个简介，概括文章的主要内容和亮点；正文部分应该分段且每个段落都有一个明确的主题或观点，并使用合适的小标题来概括内容。此外，软文不同部分的内容应使用相同的排版风格和样式，给用户良好的阅读观感。

2．获取用户信任

文案人员要想让用户接受软文中的广告信息，必须要让软文说服用户，进而获取用户的信任。要实现这一目标，文案人员可以在软文中引用权威的研究机构、专家的观点或数据，以增加软文的可信度。同时，文案人员要分享真实的用户案例，让用户看到产品或服务的真实效果和价值。此外，文案人员使用客观、公正的语气来叙述事实和观点，也有助于获取用户信任。

3．内容有感染力

软文的内容应该富有感染力，能够打动用户。文案人员要善于挖掘用户的需求、兴趣和痛点，通过有吸引力的标题、生动细腻的场景描写、引人共鸣的故事等来增强软文的感染力，使用户能代入其中，从而引导用户做出某种行为。

4．自然融入广告

软文的本质是一种广告，自然需要体现广告信息，而直白地介绍广告内容容易引起用户的反感。因此文案人员在写作软文时，可以将广告信息融入品牌故事或知识分享中，委婉引导用户对产品或服务产生兴趣，进而产生购买行为。

7.2.2　软文中关键词的设置

很多用户都习惯于通过关键词搜索自己所需的信息，若软文的标题及内容中含有用户输入的关键词，那么该软文就会更容易被用户搜索到。因此，合理设置关键词有助于提升软文的点击率和阅读量，提升营销效果。

1．关键词的分类

关键词是指用户在搜索引擎搜索框中输入的提示性文字或符号。从软文的角度来看，关键词是文章中的重要词汇或短语，用于描述或强调文章的主题和内容。根据关键词的重要程度，关键词可以分为核心关键词、次要关键词和长尾关键词。

（1）核心关键词。核心关键词是指能直接表现出软文主题的关键词，一般是由2～4个字组成的词组，如会计培训、云南旅游、婴儿车等。这类关键词的竞争比较激烈，但是带来的流量较大。

（2）次要关键词。次要关键词是指核心关键词的扩展词，重要程度仅次于核心关键词。例如，核心关键词是"健康饮食"，次要关键词可以是"健康饮食计划""健身健康饮食"等。

（3）长尾关键词。长尾关键词是指字数较多、描述具体的关键词，一般由多个关键词组合而成，如"2023新款跑步鞋""成都秋季City Walk路线"。这种类型的关键词搜索量相对较小，但是搜索很精准，用户搜索目的性很强，且竞争度较低。

2．关键词设置的原则

关键词设置的原则主要有以下3点。

（1）关键词要与软文主题相关。搜索引擎或推荐系统在抓取内容的过程中，会根据关键词来为软文打上标签，并显示给感兴趣的用户。如果关键词与文章内容不相关，可能导致软文被推荐或显示给不合适的用户，从而拉低软文的阅读数据，如平均阅读时长等。

（2）关键词要符合用户的需求。文案人员应该从用户定位出发，根据目标用户的爱好和需求选择关键词。例如，一篇美食菜谱软文的目标用户是上班族，他们平时较忙碌、需要自己带饭，根据这些特点就可以选择"便当菜谱""快手菜"等作为关键词。

（3）尽量选择长尾关键词。长尾关键词的搜索次数通常比较少，但相对其他关键词来说更精准、竞争度更低。在实际工作中，文案人员可以通过关键词挖掘工具找出长尾词，如爱站网（见图7-4）、5118等。

图7-4　爱站网

✏️课堂活动

　　进入爱站网首页，在上方导航栏中选择"SEO查询"选项下的"关键词挖掘"选项，在打开的页面的搜索框中搜索"行李箱"，查看与之相关的长尾词。

3．关键词的植入位置

关键词的植入位置直接影响软文的效果，一般来说，软文中的关键词可以设置在标题、正文首段等位置。

（1）标题。搜索引擎在抓取数据时通常会先抓取标题中的关键词，因此文案人员在软文标题中加入关键词，可以提高软文被搜索到的概率，且不会影响软文的可读性。同时，文案人员要把最重要的一个关键词放在标题中，这样搜索引擎会给它较大的权重，有利于提升排名。

（2）正文首段。与标题相同，正文首段也会影响搜索引擎的抓取结果，因此，正文首段要合理地植入关键词，通常要设置一个或两个关键词，以便软文获取更好的排名。

（3）正文小标题。在软文正文中可以设置一些小标题，然后在小标题中设置一个关键词。

（4）小标题下方的一段。该段落可以设置一个或者两个关键词，让内容和小标题具有连贯性，也可以让关键词的植入显得更自然。

（5）最后一段。结尾可以设置少量关键词，100字左右的段落可以只设置一个关键词，超过200字的段落可以设置两个关键词。

👤 **专家指导**

如果网站或平台允许，文案人员还可以对软文中的关键词进行加粗或者加下画线的处理，这样也有利于搜索引擎的收录。需要注意的是，文案人员不要盲目布局过多关键词，要确保句子逻辑清晰、语义通顺，避免影响用户的阅读体验。

7.2.3 软文的写作注意事项

软文写作既要追求好的营销效果，又要规避一些"雷区"。为了做到以上两点，文案人员在写作软文时要注意以下事项。

1. 符合平台的语言风格

不同平台的特点和目标用户不同，需要的软文风格也不同，文案人员写作软文时，可以适当调整软文的风格和表达方式，以更好地适应平台的特点和目标用户的喜好。如果软文投放在问答类平台上，文字表达就要有条理；如果软文投放在生活分享或社交媒体平台上，文字表达就要口语化一点。

2. 选择合适的广告植入方式

广告植入不能太明显、太生硬，要潜移默化地影响用户，避免让用户反感。文案人员在软文中植入广告的方式一般包括以下几种。

（1）在故事情节中植入。有不少软文是故事型软文，文案人员可以将广告信息自然地融入故事情节中，通过故事中的角色来传达广告信息，即安排角色像日常交谈一样自然地提及产品、服务或品牌。此外，文案人员也可以将产品设置为故事的道具，提供某种功能或解决角色面临的问题。

 案例分析：冲锋衣软文的广告植入

某户外冲锋衣品牌与某微信公众号合作，推出了一篇有趣的软文。该软文讲述了一个久居都市的上班族感到烦闷，下班后选择了一条自己不熟悉的路，竟离奇地进入了另一个地方——大自然。在这里，他和冲锋衣一起感受到了自然的生命力。冲锋衣软文的部分内容如图7-5所示。

图7-5 冲锋衣软文的部分内容

案例点评： 该软文采用了在故事情节中植入广告的方式，讲述了一名上班族通过进入黑洞来到了没有天花板的自然世界，而推广对象——冲锋衣则作为上班族的穿着融入故事中，陪伴着上班族一起感受大自然的魅力。从软文的构思来看，其抓住了冲锋衣的"户外"属性，然后反过来构建了一个主角从都市前往户外享受大自然的故事。

（2）热点植入。热点植入指借助人们对热点的关注而植入广告，这要求文案人员有敏锐地捕捉热点的能力，同时要善于发现热点与品牌或产品的关联，不能生搬硬套。

（3）分享式植入。许多人在分享日常生活时可能会提及某些产品，因此文案人员也可以通过这种分享式的写法来提及产品，完成广告植入，如图7-6所示。

（4）举例植入。在举例时也可以植入广告，尤其是在针对某个论点举例时，这种写法隐蔽性强，常用于科普类、教程类、推荐类文章。例如，图7-7所示的密码锁选购软文就在举例时植入了某密码锁品牌的广告信息。

图7-6 分享式植入

图7-7 举例植入

（5）结尾植入。文案人员在软文结尾处添加广告信息既不会影响文案的观赏性，也不会影响用户的阅读体验，同时还可以让广告更加醒目。

3．不能加入过多关键词或链接

加入过多的关键词或链接可能会破坏软文的流畅性，降低用户的阅读体验。而且软文中如果充斥着大量的关键词和链接，用户可能会质疑其真实性和可信度。很多搜索引擎或推荐系统也会将过多的关键词视为关键词堆砌，可能会影响软文的推荐量或展现量。

4．不能使用违禁词汇

国家相关法律法规和各大平台都规定了一些违禁词汇，如《中华人民共和国广告法》规定，医疗用语、迷信用语等为违禁词汇，如果在写作时没有注意，发布后很可能会被平台自动删除。常见的违禁词汇有以下3类。

（1）违禁极限用语。违禁极限用语包括国家级、世界级、最高级、唯一、首个、首选、顶级、独家、首家、最新、最先进、第一（NO.1/Top1）、独一无二、绝无仅有、史无前例、万能等词语。

（2）违禁权威用语。违禁权威用语包括国家××机关推荐，国家××机关专供、特供等借国家、国家机关工作人员名称进行宣传的用语；质量免检、无须国家质量检测、免抽检等宣称质量无须检测的用语；老字号、中国驰名商标、特供、专供等词语（唯品会专供等类似除外）。

（3）违禁时限用语。违禁时限用语包括随时结束、仅此一次、随时涨价、马上降价、最后一波等无法确定时限的词语。

5．避免违规

在广告宣传中，文案人员还需要注意不能违反法律规定。软文本质上是一种广告，因此文案人员需要了解《中华人民共和国广告法》《广告管理条例》《中华人民共和国民法典》等，避免违反法律相关规定。

（1）避免侵害名誉权。《中华人民共和国民法典》第一千零二十四条规定："民事主体享有名誉权。任何组织或者个人不得以侮辱、诽谤等方式侵害他人的名誉权。"如果文案人员在软文中诋毁竞品质量差或生产过程不合规，意图用不正当的方式抬高自己、贬低对方，则侵害了对方的名誉权。

（2）避免侵害肖像权。《中华人民共和国民法典》第一千零一十八条规定："自然人享有肖像权，有权依法制作、使用、公开或者许可他人使用自己的肖像。"侵犯肖像权是指未经他人同意，而使用他人的肖像，并且使用者在主观上希望通过对他人的肖像的使用获得经济利益。需要注意的是，除了法律规定的可使用他人肖像的情况，软文中的配图不要使用肖像。即便使用肖像，也要获得他人的同意或授权，且软文要有利于维护肖像权人的良好社会形象。

（3）避免侵害著作权。著作权俗称版权，是指作者对其创作的文学、艺术和科学技术作品所享有的专有权利。为避免侵害著作权的风险，文案人员要使用原创或已经授权的作品。文案人员在软文中使用他人文字、摄影作品时，应尽量使用已签订供稿、供图协议的作品，或他人已经明示授权使用的作品，不转载来源不明的作品。

6. 避免触及敏感话题

敏感话题往往具有较高的争议性，可能会引发公众的负面情绪。一旦软文涉及此类话题，可能会导致品牌形象受损。此外，敏感话题可能违背平台的内容规范，导致软文被删除。因此，文案人员在撰写软文时应了解用户的特点、需求和敏感点，避免触及可能令他们感到不适的话题，同时保证文案的观点、案例等符合主流社会道德规范，避免使用具有强烈争议的内容。

素养提升

> 文案人员应充分树立法律意识，并培养良好的职业道德，不恶意竞争、违法宣传，共同营造健康、公平公正的市场环境。

7.3　使用AI写作软文

人工智能（Artificial Intelligence，AI），是一种模拟人类智能的技术。随着AI技术的不断发展和应用，AI写作在内容创作领域崭露头角，带来高效、自动化的文本生成方式，为软文写作带来全新的可能性。

7.3.1　认识AI写作

AI写作是指利用人工智能技术来辅助或完全代替人类进行文本创作的过程。它能够以惊人的速度和准确度生成文章、创意和内容。

1. AI写作的优势

基于深度学习与大数据提供的深度理解能力与语言生成技术，AI写作能快速输出大量的文本。具体来说，AI写作具有以下5个显著优势。

（1）能快速生成文案。AI写作能够在短时间内完成大量的内容创作任务，远远超过人类的写作速度，大大提高了内容生产效率，这对新闻、报告等需要撰写大量文本内容的领域特别重要。

（2）可根据要求定制文案。AI写作技术可以根据用户的需求和要求进行定制，生成符合特定要求的内容，如严肃的新闻报道、幽默的广告文案等。用户可以通过调整要求或指定关键词来定制内容的风格和主题。

（3）应用范围广。由于AI写作的高效性和准确性，其在新闻、广告、营销、内容创作等领域得到广泛应用。例如，图7-8所示为AI写作满足了不同行业和领域的内容创作需求。

图7-8　AI写作应用于各个行业

✏️ 课堂活动

　　进入文心一言首页并登录，在页面上方单击"一言百宝箱"按钮，在打开的页面中切换到"场景"选项卡，浏览下方出现的指令，收藏自己感兴趣的指令，并试着使用该指令向文心一言提问。

　　（4）有助于拓展写作思路。AI写作可以生成各种不同的观点，从而帮助文案人员从多个角度思考问题，拓展思维的广度。这有助于生成更多有创意和有深度的内容。

　　（5）具有持续学习和提升的能力。AI写作能够持续学习，通过从实际应用中不断获得反馈，并根据用户的评价和需求进行自我调整。因此AI写作能够不断提升写作能力，使得生成的内容更加优质。

✏️ 课堂讨论

　　哪些写作任务适合交给AI来完成？

2. 常用的AI写作工具

　　AI写作工具是指利用AI技术来辅助写作的软件，它能够实现自动化写作。目前市面上的AI写作工具有很多，常见的有以下几种。

　　（1）ChatGPT。ChatGPT是由OpenAI开发的一个强大的对话式AI模型，可以进行自然语言交流、回答问题、生成对话和文字等。它有多种用途，包括生成文章、提出写作建议、解答问题、提供创意和灵感等。文案人员使用ChatGPT也可以帮助人们更高效地生成内容，充分发挥创意。无论是写作、交流还是获取信息，ChatGPT都是一款非常好用的工具。

　　（2）文心一言。文心一言是百度全新一代知识增强大语言模型、对话式AI产品

（见图7-9），能够与人对话互动、回答问题、协助创作，高效便捷地帮助人们获取信息、知识和灵感。

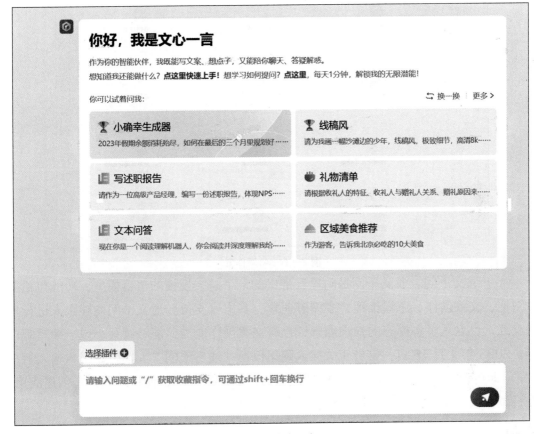

图7-9 文心一言

（3）New Bing。New Bing是微软公司结合必应搜索引擎和OpenAI的大型语言模型推出的聊天机器人。它融合了必应搜索引擎的搜索功能和类似ChatGPT的对话功能，可以搜索互联网上的各种内容并与用户进行交流。它与用户的互动不仅限于文本，还可以涵盖图像、视频、音频等多种形式，从而生成更丰富、多样化的内容。

（4）Notion AI。Notion AI是Notion在线协作平台中的一项AI功能。作为Notion的助手工具，它嵌入Notion文档编辑／管理页面中，旨在协助用户管理、整理和排序文档，它还可以根据用户提供的关键词和主题，自动生成文档内容。此外，它还能自动进行字体、段落格式设置，使排版更加美观。另外，Notion AI还能将用户输入的数据自动转化为图表等形式，提升数据分析的效率。

（5）AI写作宝。AI写作宝是一款功能齐全且强大的AI写作工具（见图7-10），输入指令就可以快速生成文章，不仅支持全文写作，还有句子续写、风格润色、头脑风暴、要点提炼、产品卖点罗列、人物塑造等实用功能，满足不同场景、用户的AI创作需求。

图7-10　AI写作宝

（6）通义千问。通义千问是阿里云推出的一个超大规模的语言模型，功能包括多轮对话、文案创作、逻辑推理、多模态理解、多语言支持。通义千问能够跟人进行多轮交互，也融入了多模态的知识理解，且有文案创作能力，能够续写小说、编写邮件等。2023年4月18日，钉钉正式接入阿里巴巴"通义千问"大模型，用户输入斜杠（"/"）即可调用10余项AI能力，包括使用AI生成推广文案、使用绘图方式创建应用、在视频会议中生成摘要、根据需求撰写文案、设计海报等。

素养提升

2023年7月10日，国家互联网信息办公室等部门公布的《生成式人工智能服务管理暂行办法》规定：提供和使用生成式人工智能服务，应当遵守法律、行政法规，尊重社会公德和伦理道德。文案人员在使用AI写作时也需要注意相关法律、道德问题，让AI写作发挥积极正面的作用。

7.3.2　使用AI写作软文的方法

基于营销和推广等需要，品牌有大量的写作软文的需求，为了提高写作效率，文案人员可以将其交给AI来完成。虽然AI写作软文的自动化程度很高，但不同用户的使用效果会有所差异，这与所采用的方法有关。文案人员掌握AI写作软文的方法有助于生成优质的软文。

1. 梳理写作思路

AI写作虽然是自动的，但文案人员作为引导和协作的角色，也需要有明确的写作思路，为后续提出写作要求奠定基础。文案人员可以让AI梳理写作思路，如要求AI围绕某主题提供一些备选选题（见图7-11），或者要求AI就一篇文案提炼出大纲。

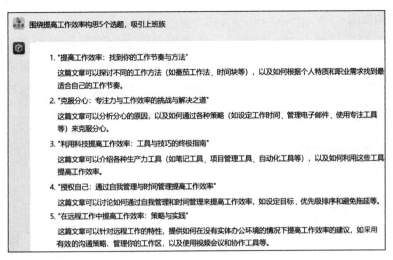

图7-11 提供选题

2．提出写作要求

明确写作思路后，文案人员就可以组织语言向 AI 提出写作要求。提出的写作要求越清晰、准确、完整，AI 提供的内容质量就越高。

（1）设定角色。为 AI 设定一个特定的角色，让 AI 代入相关情境，更好地理解所提交的写作要求。这个角色可以是文案人员、特定领域的专家、创意助手等，情境则要根据软文主题来决定。例如，文案人员要写一篇科普健身知识的软文，可以为 AI 设定"健康专家"的角色，要求其提供关于健身的专业建议、饮食计划和锻炼建议。

> ✏ 课堂讨论
>
> 如果你要写一篇推广旅游团线路的软文，可以为AI设定一个什么角色？

（2）提供明确的指导。明确告知 AI 所需要的软文的主题，涉及的产品或品牌，并附上相关背景信息。

（3）提供详细的要求。说明软文的目标用户、需传达的信息、期望的情感效果等，这样可以帮助 AI 更好地理解写作需求。

（4）提供背景信息。如果有特定的市场环境、竞争对手或行业趋势等背景信息，可以提供给 AI，帮助它更准确地写作与现实情境相关的内容。

（5）使用示例或模板。如果有类似的软文示例或者模板，可以在提问中提供，以便 AI 参考并基于示例或模板的结构和风格进行写作。

（6）指定软文风格和语气。如果有特定的内容风格偏好（如幽默、正式、亲切等）或希望传达特定的情感（如兴奋、愉悦等），也可以一并告知 AI。

3．逐步优化

通常 AI 生成的软文初稿还有需要改进、优化的地方，此时可以直接要求 AI 重新生成软文，其方式是进行追问、澄清或提供更多信息，让 AI 更加理解写作需求，以获得更好的结果。

4．审阅和修改

AI 生成的软文可能存在一些语法、逻辑或风格上的问题，因此文案人员要仔细审阅软文，修正错误，确保软文的质量和准确性。此外，文案人员还需要对软文进行润色，包括调整句子流畅度、确保用词准确性，以及确保软文符合品牌风格等。

7.4 课堂实训

实训一 写作软文推广农产品

现有一款五色糙米（包括荞麦米、紫米、燕麦米、红米、糙米），重量为 1 千克，优选产地当季的新粮，采用科学配比，软硬适中、营养均衡。原价为 25.8 元，现价为 18.8 元，活动时间为 3 天。

1．实训目的和要求

通过该实训，掌握软文写作的方法，具体要求为：写作软文推广五色糙米，并加入关键词。

2．实训步骤

写作软文的具体操作步骤如下。

STEP 01 **确定写作思路**。五色糙米的目标用户通常是关注健康的人，因此可以通过介绍“粗粮是什么，吃粗粮为什么有益健康”这样的实用性知识来吸引他们的关注，然后植入五色糙米的广告，以价格优惠吸引用户下单。

STEP 02 **确定关键词**。前往爱站网首页，进入“长尾词挖掘”页面，在对应的搜索框中输入“粗粮”，在打开的页面中查看相关关键词，如图 7-12 所示。从图 7-12 中可知，粗粮的好处、粗粮有哪些、粗粮减脂是热度相对较高、优化难度低（即竞争度不高）的关键词，可以将其作为软文的关键词。

长尾词挖掘 导出数据

序号	关键词	PC/移动	长尾词数量	收录数	首页第1位	首页第2位	优化难度
1	粗粮有哪些食物	131 / 1603	1	8090.0万	m.××××.com 粗粮有哪些食物	com 粗粮(相对于细粮而言的粮食... - 百……	
2	糖尿病最怕三种粗粮	72 / 1014	1	732.0万	m.××××.com 糖尿病最怕哪三种粗粮	com 糖尿病最怕哪三种粗粮	
3	粗粮的好处	150 / 721	21	1.0亿	m.××××.com 粗粮的功效与作用	www. .cn 吃粗粮的好处有哪些? - 问答频道 -……	
4	粗粮有哪些	66 / 234	3	1140.0万	m.××××.cn 粗粮有哪些	.com 粗粮有哪些食物	
5	粗粮减脂	<50 / 160	1	2120.0万	health.××××.com 减脂吃的粗粮有哪些	www. net 吃粗粮可以减脂吗 医生的……	
6	粗粮王	<50 / 92	3	126.0万	baike.××××.com ××粗粮王	com 粗粮王 - 百度图片	
7	粗粮细作	<50 / 77	1	2260.0万	baike.××××.com 粗粮细作(以玉米、甘薯等为主料……	com 粗粮细作 - 百度图片	
8	粗粮粥	<50 / 77	1	1880.0万	baike.××××.com 粗粮粥 百度百科	www com 【粗粮粥的做法大全 粗粮粥家常……	
9	粗粮的好处	<50 / 67	1	2720.0万	m.××××.com 粗粮的功效与作用	www. .cn 吃粗粮的好处有哪些? - 问答频道 -……	

图 7-12 相关关键词

STEP 03 ◐写作软文主体。软文主体是对粗粮的介绍，开头可以先介绍粗粮是什么，然后按照"粗粮与细粮的区别""吃粗粮的好处""吃粗粮容易出现的误区"3个小标题展开叙述，写作时需要查询相关专业资料，确保内容的准确性。此外，文案人员还应在软文的适当位置植入关键词，如在开头植入关键词"粗粮有哪些""粗粮的好处"，这里在"吃粗粮的好处"部分植入关键词"粗粮的好处""粗粮减脂"。根据以上内容，写作好的软文主体部分如图7-13所示。

粗粮是指没有经过精细加工的谷物或谷物制品，通常保留了较多的外壳、麸皮、胚芽等天然成分。与精细加工的白米、白面等谷物制品不同，粗粮保留了更多的纤维、维生素、矿物质和其他营养成分。粗粮是一个统称，很多人不知道粗粮有哪些，其实生活中常见的糙米、燕麦、红米、黑米、紫米、高粱、大麦、荞麦等都属于粗粮。

   1. 粗粮与细粮的区别

   粗粮和细粮的主要区别在于加工方式、营养价值和口感。

   （1）加工方式。粗粮是指没有经过精细加工的粮食，如燕麦、玉米、小米等，它们的颗粒完整，保留了谷物的麸皮和胚芽；而细粮则是指经过精细加工的粮食，如面粉、大米等，它们被碾磨去除了谷物的麸皮和胚芽，因此更加白净细腻。

   （2）营养价值。粗粮相较于细粮，通常含有更多的膳食纤维、矿物质和维生素。例如，燕麦片含有丰富的膳食纤维和蛋白质，有助于增加饱腹感、控制血糖和胆固醇。而面粉和大米则主要提供碳水化合物，相对于粗粮营养价值较低。

   （3）口感。粗粮由于没有经过精细加工，口感相对较粗糙，甚至有时在吞咽时感觉有些干涩。而细粮则经过精细加工，口感更加细腻顺滑。

   2. 吃粗粮的好处

   吃粗粮的好处很多，主要有以下几点。

   （1）控制血糖。粗粮中的纤维素可以减缓食物的消化速度，降低血糖的上升速度，从而有助于控制血糖水平。

   （2）肠道健康。粗粮中的纤维素可以促进肠道蠕动，增加粪便体积，减少便秘的发生。同时也可以促进益生菌的生长，保护肠道健康。

   （3）控制体重。粗粮中的纤维素可以增加饱腹感，减少进食量，因此吃粗粮减脂是很有效的。

   （4）补充营养。粗粮富含膳食纤维、维生素和矿物质等营养素，对补充人体所需的营养素非常重要。

   3. 吃粗粮容易出现的误区

   吃粗粮虽然有很多好处，但也要注意避免以下几个误区。

   （1）吃太多粗粮。粗粮富含膳食纤维，如果吃太多容易导致肠胃胀气，造成消化问题。

   （2）用粗粮完全代替细粮。很多人认为吃粗粮减脂，就完全不吃细粮，这是很大的误区。虽然粗粮的好处很多，但是细粮中的某些营养成分是无法替代的，如果长期只吃粗粮，可能会导致某些营养摄入不足。

   （3）粗粮选择过于单一。为了获得更全面的营养，应该选择多种粗粮，而不是只选一两种自己觉得好吃的。不同种类的粗粮有不同的营养成分，多样化的选择可以保证营养的均衡摄入。

图7-13 写作好的软文主体部分

STEP 04 ◐植入广告。软文主体的末尾部分提到吃粗粮的误区之一是"粗粮选择过于单一"，而五色糙米的一大特点就是各种粗粮搭配，种类丰富，因此可以直接在软文主体后植入糙米的广告，强调糙米的卖点，最后通过价格优惠激发用户的购买欲望。根据以上内容写作植入广告的内容，如图7-14所示。

那很多人会说了，粗粮种类那么多，要怎么挑选、怎么搭配呢？大家不用担心，我们可以提供现成的产品——五色糙米（1千克装），它包含荞麦米、紫米、燕麦米、红米、糙米5种大米，优选产地当季的新粮，采用科学配比，不仅营养均衡，而且软硬适中、有嚼劲。现在这款产品正在促销，原价为25.8元，现在只要18.8元，赶紧下单购买吧！

图7-14 植入糙米的广告

实训二 使用文心一言写作软文

    小宋是某园艺工具品牌的文案人员，领导安排她写作一篇推广妙居牌花盆的互联网软文，要求风格轻松活泼、生活化，字数不超过500字。

    该花盆采用聚丙烯树脂材质，兼顾硬度和韧性，有12cm、14cm、16cm等多种口径。其主要卖点是盆底、盆侧面都设计了透气孔（见图7-15），有利于植物排水、生根发苗。其目标用户是植物养护者。

图7-15 花盆设计

1．实训目的和要求

通过该实训，掌握使用 AI 写作软文的方法，具体要求为：使用文心一言写作推广花盆的互联网软文。

2．实训步骤

使用文心一言写作互联网软文的具体操作步骤如下。

STEP 01 ◇**做好写作准备**。写作准备主要是确定写作切入点，根据推广产品和文案类型要求文心一言提供多个备选切入点，如图 7-16 所示。根据文心一言的回答筛选并确定切入点，因第 1 条最贴近目标用户的痛点，在此基础上进行优化，将写作切入点确定为"植物烂根的原因和规避方法"。

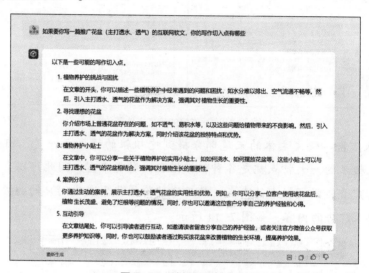

图 7-16　选择写作切入点

STEP 02 ◇**提出写作要求**。提出写作要求时，文案人员可以先为文心一言设定角色，明确告知文心一言该文案的写作切入点、主题、风格、字数，以及所推广的花盆的信息，文心一言会据此写作文案，如图 7-17 所示。

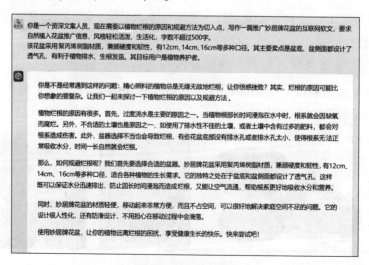

图 7-17　写作文案

STEP 03 ◆ **优化文案**。优化文案时首先要对文心一言生成的文案做出点评，指出其存在的问题，如语言表达生硬、机械，不够日常化等，并指明修改方向。文心一言会根据这些意见重新写作文案，如图7-18所示。

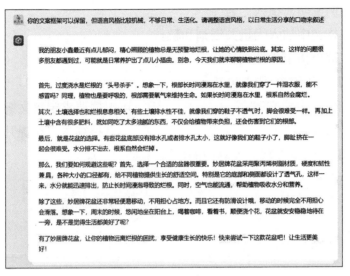

图7-18 优化后的文案

STEP 04 ◆ **拟定标题**。文心一言重新写作的文案基本合格，但软文还需要标题，可以要求文心一言多拟定几个有吸引力的标题，如图7-19所示。经过对比后，文案人员最终选择"花盆也能导致植物烂根？快来看看怎么选！"作为标题。

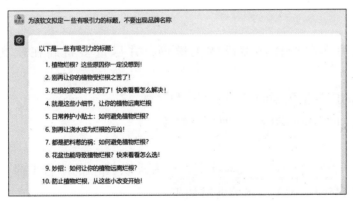

图7-19 写作软文标题

7.5 课后练习

1. 选择题

（1）【单选】以下不属于常见的违禁词汇的是（ ）。

    A. 第一   B. 国家机关专供

    C. 唯品会专供   D. 老字号

（2）【多选】在软文营销中，以下可以起到潜移默化的作用的广告植入方式有（　　　）。

  A. 开门见山直接叙述广告内容

  B. 举例说明时植入广告

  C. 在软文中加入大量关键词和链接

  D. 在故事情节中植入广告

（3）【多选】AI 写作的特点包括（　　　）。

  A. 能快速生成文案　　　　　　B. 可根据要求定制文案

  C. 应用范围广　　　　　　　　D. 具有持续学习和提升的能力

（4）【多选】可以设置软文关键词的位置有（　　　）。

  A. 标题　　　　　　　　　　　B. 最后一段

  C. 正文首段　　　　　　　　　D. 正文小标题

2. 填空题

（1）软文的作用体现在＿＿＿＿＿＿＿、＿＿＿＿＿＿＿＿＿、＿＿＿＿＿＿＿＿、＿＿＿＿＿＿＿＿＿。

（2）用 AI 写作文案可以按照＿＿＿＿＿＿＿＿＿、＿＿＿＿＿＿＿＿＿＿、＿＿＿＿＿＿＿＿、＿＿＿＿＿＿＿＿＿＿的步骤进行。

（3）＿＿＿＿＿＿＿＿＿是指字数较多、描述具体的关键词，一般由多个关键词组合而成。

3. 判断题

（1）软文写作要选择热度高的关键词，并尽量多布局在软文正文首段中。

                   （　　）

（2）软文的广告植入要明显，最好一目了然。   （　　）

（3）使用 AI 写作文案后不需要检查修改。   （　　）

4. 实践题

使用文心一言写作一篇互联网软文，植入求职 App 的广告（拥有上百万家招聘企业，以及求职交流社区），具体要求如下。

（1）要求文心一言提供 10 个备选选题。

（2）从备选选题中选择一个，要求文心一言生成软文大纲。

（3）优化、细化大纲。

（4）要求文心一言根据大纲生成软文，逐步优化直至满意。

第8章 新媒体平台文案的写作

学习目标

- ● 认识微信文案、微博文案、短视频文案、直播文案。
- ● 掌握微信文案、微博文案、短视频文案、直播文案的写作方法。

素养目标

- ● 加强思想修养，践行社会主义核心价值观。
- ● 提高法律素养，熟悉直播文案相关法律法规。

知识结构图

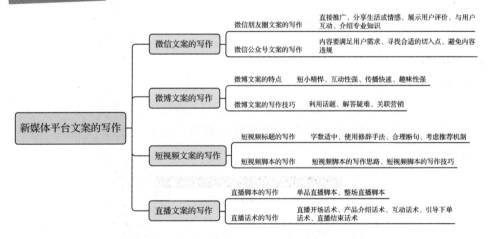

8.1 微信文案的写作

微信是基于智能移动设备而产生的主流即时通信软件之一，也是一个可以及时与用户建立互动的交流平台，可以实现一对一的互动交流。微信的渗透率高、覆盖范围广，截至 2023 年 5 月 11 日，微信的用户数量达到 12.6 亿人。各大企业也纷纷将微信作为营销推广的重点平台，而在微信营销中，文案起到的作用不容小觑。

8.1.1 微信朋友圈文案的写作

微信朋友圈（简称"朋友圈"）是微信的主要功能之一，是一个分享个人信息的平台，用户可以在朋友圈中分享生活趣事、热点事件、个人感悟和实用小知识等内容。由于朋友圈拥有巨大的流量，因此很多企业的文案人员都会发布朋友圈文案来进行推广。

要想朋友圈文案既有可看性，又能实现营销，文案人员需要掌握一些朋友圈文案写作的方法。

课堂讨论

根据个人的经验，说说朋友圈文案有什么特点。

1. 直接推广

直接在朋友圈中描述要推广的产品或品牌是一种常见的写作方法，不需要太多复杂的写作技巧，只需直截了当地告知用户产品的详细信息，如卖点、价格和功能等，如图 8-1 所示。但是，此类文案不能发布得太频繁，一天 2 ～ 3 次为佳，避免引起用户的反感。

图 8-1　直接推广的朋友圈文案

2．分享生活或情感

通过分享生活或情感来推广产品或品牌是一种委婉且自然的推广方式，可以让用户在不知不觉中认可分享的信息，达到软推广的目的。例如，图8-2所示为一条融合产品的分享生活的朋友圈文案，通过简单朴素的表述分享了生活状态，并间接推广了产品。

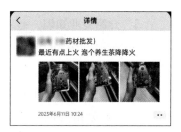

图8-2 一条融合产品的分享生活的朋友圈文案

> 👤 **专家指导**
>
> 文案人员也可以在朋友圈进行单纯的生活分享。纯分享生活式的文案看似毫无推广价值，实际上却有利于树立鲜明的形象。同时，分享用户感兴趣或有价值的内容，还有利于赢得用户的好感，为后续开展营销积累用户基础。

3．展示用户评价

用户购买产品后常常会做出产品的使用心得、购物体验等评价，这些用户评价也可以作为文案人员的推广信息。用户评价是产品质量、企业服务、品牌形象等的真实反映，是用户对企业服务是否满意的直观体现。文案人员可以将这些反馈信息整理出来，以文字或图片的形式发布在朋友圈中，让更多的潜在用户了解产品和品牌的正面形象，吸引潜在用户购买产品。例如，图8-3所示为展示用户评价的朋友圈文案，这种以微信对话的形式体现的用户评价更为真实可信，更容易获得用户的认可和信任。

4．与用户互动

互动是加强社交关系的一种方式，文案人员可以直接在朋友圈中发布一些互动性较强的话题，吸引微信好友参与讨论。讨论的话题最好与用户有一定关联，且有一定的趣味性，让多数用户都感觉有话可说，尽量避开争议大、敏感的话题。

此外，文案人员还可以邀请用户提供一些建议或评价。为了激发用户的参与热情，可以提供奖品吸引用户积极参与互动。例如，图8-4所示的与用户互动的朋友圈文案为中药店铺发起的药材有奖竞猜活动，加深了用户对店铺产品的印象，同时借助奖品促使用户参与互动。

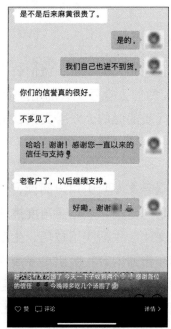

图8-3 展示用户评价的朋友圈文案　图8-4 与用户互动的朋友圈文案

5．介绍专业知识

介绍专业知识的朋友圈文案通过分享使用方法、使用技巧或产品功用等专业知识，能帮助用户更深入地了解产品，同时解决用户使用过程中的问题，这种方式可以帮助文案人员树立专业、可靠的形象，为以后的产品销售打下坚实的基础。例如，图8-5所示为一家窗帘网店发布的朋友圈文案，其介绍了窗帘颜色搭配的知识，十分实用，给用户留下了专业、贴心的良好印象。

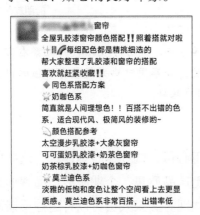

图8-5　一家窗帘网店发布的朋友圈文案

👤 **专家指导**

　　朋友圈文案一般比较简短，因为太长会被自动折叠，并显示"全文"字样，用户需要点击该字样才能查看完整的文案信息，而很多用户会嫌麻烦放弃阅读全文，进而影响推广效果。因此，建议朋友圈文案的文字内容尽量保持在100字左右，同时，朋友圈文案应适当配图，但尽量不要使用产品的直销图，最好使用实拍图，增加图片的真实性。

8.1.2　微信公众号文案的写作

不同于微信朋友圈主要建立在私人关系上，微信公众号更加开放，任何用户都可以查看微信公众号文案。因此，微信公众号文案的用户面更广，传播效果也可能更好，但竞争也更加激烈。要想写出优质的微信公众号文案，文案人员需要掌握微信公众号文案的写作要点。

1．内容要满足用户需求

文案人员要想依靠微信公众号文案吸引用户阅读，甚至产生转化效果，就应当从用户的需求入手进行内容的策划与定位，从不同角度挑选出合适的选题，如行业热门消息、干货、专家解读、企业文化、生活实用技巧、生活感悟、福利活动等，以此吸引同质用户，使用户主动分享和传播内容，吸引更多属性相同的高质量用户关注微信公众号，积累用户基础。例如，某旅游平台的微信公众号文案从喜欢出门旅游的用户的需求出发，撰写介绍旅游景点、城市周边户外游、假日旅游路线和免费景点推荐等类型的内容，满足用户需求的内容如图8-6所示。

图 8-6　满足用户需求的内容

专家指导

文案人员可以在微信公众号文案中添加链接，链接的内容可以是往期的优质文案，以带动用户点击链接增加其他文案的阅读量，这类链接一般适合放在文前或文末；也可以是与文案内容有关联的其他说明或补充内容，如产品链接或店铺主页链接等，以促进产品销售。

2．寻找合适的切入点

文案的切入点是指以何种方向、何种角度或主题去展开全文，其决定了文案的吸引力程度。对微信公众号文案而言，有多个切入点可以选择。

（1）故事叙述。通过一个引人入胜的故事来吸引用户。故事应该生动、有趣，贴近用户的日常生活或情感体验，使用户产生代入感。例如，图 8-7 所示的微信公众号文案就讲述了一个男生收养流浪猫的故事，吸引了很多爱猫人士的关注。

图 8-7　讲故事

（2）观点或情感表达。文案人员可以通过表达观点或情感来建立与用户的情感联系，使他们更愿意深入阅读并做出文案人员期望的行为，如购买产品、关注账号等。这种切入点也可以用来传达某种价值观或态度，引发用户共鸣。例如，图8-8所示的微信公众号文案就鲜明地表达了一个观点——一个人的格局在于心态。

（3）经验分享。从产品使用者的角度出发分享使用经验、干货知识或实用建议等内容，这样的分享能够帮助用户解决问题，有助于建立信任和认同，此时再自然地引出广告，使用户更容易接受推广信息。例如，图8-9所示的微信公众号文案分享了修剪月季的经验，十分实用。

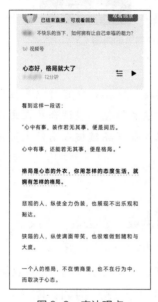 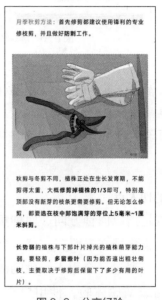

图8-8　表达观点　　　　　图8-9　分享经验

（4）热点话题或事件讨论。文案人员利用热点话题或事件作为切入点，可以吸引更多用户关注。热点话题或事件通常具有较高的热度，且能在用户之间引起广泛的讨论，借此可以有效提升微信公众号文案的阅读量和讨论量。

👤 专家指导

　　微信公众号文案的封面也十分关键。封面应能对文案内容进行简要说明和体现，一般都使用与文案内容相关，且具备一定视觉吸引力的图片，用于快速吸引用户的注意，并刺激用户潜在的浏览欲望。

3．避免内容违规

微信平台针对微信公众号文章制订了十分详细、全面的内容规范，涉及侵权、侵犯隐私权及原创争议类内容，色情低俗内容，暴力恐怖血腥内容，过度营销类内容（见图8-10），不实信息类内容，煽动、夸大、误导类内容（见图8-11）等方面。文案人员在写作前要仔细阅读这些规定，避免内容违规。

4.8 过度营销类内容

4.8.1 使用夸大的描述推荐减肥、增高等保健品；或在推销产品过程中使用让人观感不适的配置。

4.8.2 文章提出针对病症、两性关系、治疗脱发、命理咨询等方面的问题，进而推销产品或提供服务，主要目的为引导用户添加联系方式。

4.8.3 文章主要推广股票的投资方法/课程或直接推荐股票，用隐晦/预计涨幅/标榜历史盈利案例或运用该方法筛选出优质股票等加以描述，并留下相关联系方式。

4.8.4 文章以编故事的形式推销某种食用类/养生产品，利用二维码引导添加微信号、了解、购买。

4.8.5 提供风水咨询服务或兜售风水饰品/摆物，并罗列案例说明用户在接受服务或购买后受益。

4.8.6 推荐的产品明显低于官方价格；或非品牌官方发布的产品，包括但不限于：精仿、复刻、价格极低的知名品牌。

4.8.7 文章中推荐的产品或服务含有夸大或者引人误解的内容，欺骗、误导用户，包括但不限于有不符合常理的效果，存在收益承诺等。

4.8.8 文章中推荐的产品或服务假借政府、科研单位、学术机构、行业协会或者相关人士（包括学者、医师、药师、临床营养师、医院内部的专家）、用户等的名义或者形象作推荐、证明（品牌代言人除外）。

4.8.9 非医疗用品不得明示或暗示产品具备医疗功效或声称具有保健作用。

4.8.10 公众号中不得含有任何自行嵌入或由第三方软件、网页或终端生成的具有识别、标记功能的特殊识别码、口令类信息，包括但不限于对用户造成诱导、骚扰，以任何形式未经用户同意或者以欺骗手段获取用户关系链等用户个人数据和隐私信息的特殊字符集、特殊标识、特殊代码以及各类口令等。

图 8-10 过度营销类内容

4.11 煽动、夸大、误导类内容

平台鼓励创作者提供准确、清晰、能体现文章内容主旨的标题，不允许通过标题噱头诱导用户点击或误导用户。包括但不限于以下情况：

4.11.1 标题含有危害人身安全、恐吓侮辱、惊悚、极端内容，或者以命令式语气强迫用户阅读。

4.11.2 标题无依据夸大事件严重程度、紧急程度、受影响面以及事件引发的情绪。

4.11.3 标题以浮夸的描述，反常识强调某种食物/行为对人体健康的影响，煽动人群要/不要去做某行为。

4.11.4 非官方通知或者公告，但标题假借官方名义煽动获取流量，或以信息来源机密、看完删删来诱导用户。

4.11.5 标题故意隐藏关键信息，或无中生有部分信息，给用户造成误导。

处罚规则

对违规情节较轻的公众号，将对其图文消息等违规点进行处理；情节较重的，将限制其账号群发、关注、分享、搜索等功能，或直接限制账号使用。

图 8-11 煽动、夸大、误导类内容

8.2 微博文案的写作

　　微博是一个十分受欢迎的社交平台，拥有广泛的用户群体，同时也是一个公共资讯传播平台。在微博上推广产品或品牌，营销信息可以在短时间内传达给更多用户，甚至起到爆炸式的推广效果，因此微博也成为企业营销的重要阵地，很多企业都在微博上开设了专门的营销账号，写作并发布微博文案进行推广。

8.2.1 微博文案的特点

　　在撰写微博文案之前，文案人员需要先了解其特点，以便写出符合用户需求的文案。

1.短小精悍

　　微博文案的内容一般比较短小精悍。在快节奏的生活环境下，人们更倾向于阅读能够在短时间内获取信息、无须自己分析和总结的文案。因此，写作微博文案时，文案人员尽量不要用大量文字来堆砌内容，最好做到短小精悍、言简意赅、通俗易懂，如果文案内容过多，可以发表长微博或头条文章。

2．互动性强

微博是一个社交平台，因而微博文案具有较强的互动性，互动就是文案人员与用户交流的过程。如果微博文案具有很强的互动性，便可以激发用户的参与兴趣，并在参与的过程中拉近与用户的距离，促使用户成为自己的忠实粉丝，提高文案的后续转化率。例如，小米利用微博让用户参与产品设计，提升用户的参与感和成就感，从而使用户长期关注小米的微博，成为小米忠实的粉丝，进而产生比较固定的转化率。

3．传播快速

微博是一个相对开放的信息平台，用户可以转发自己喜欢的微博文案，一传十，十传百，这种"病毒式"的传播机制可以让微博文案在极短的时间内引起众多用户的关注，达到快速传播的效果。

4．趣味性强

微博文案常常采用轻松幽默的语言风格，以吸引用户的阅读兴趣。第一，微博文案的语言轻松活泼、充满个性（见图8-12），同时还会加入大量网络流行语、表情符号等，以增加文案的趣味性。第二，很多微博文案还会配上有趣的图片（见图8-13）、GIF动图、表情包图片等，制造幽默效果，趣味性十足。

图8-12　语言充满个性

图8-13　有趣的配图

8.2.2　微博文案的写作技巧

微博拥有几亿个用户，每天都会产生非常庞大的信息数据，但每一位用户几乎都只会关注自己感兴趣的信息。因此除了通用的文案写作方法，文案人员还需要掌握一些微博文案的写作技巧。

1．利用话题

微博平台自带话题功能。微博中的热门话题往往是一段时间内大多数用户关注的焦点，凭借话题的高关注度来进行产品或服务的宣传，可以快速获得用户的关注。例如，图8-14所示为OPPO临近中秋节发布的微博文案，其利用了话题"中秋"的热度，并顺势推广了品牌的手机。

除了利用已有的热门话题，文案人员还可以自己发起话题。话题最好与品牌相关，有自己的特色，以加深用户对品牌的印象。例如，图8-15所示为伊利在亚运会刚结束时发布的微博文案，其使用了自创话题"绿色亚运 伊起助力"，该话题借助了亚运会的热度，并通过"将低碳环保理念注入亚运服务"的表述，合理地将品牌与亚运会关联了起来。

图 8-14　OPPO 临近中秋节发布的微博文案　　图 8-15　伊利在亚运会刚结束时发布的微博文案

 专家指导

微博中，"#×××#"代表参与某个话题，在微博文案中添加话题，可以让微博自动与话题连接，让微博被更多的用户搜索到，有利于提高微博文案的阅读量。

案例分析：巧妙借助热门话题的微博文案

某花卉网店在微博上注册了账号，经常发布有趣的微博文案，并借助热门话题来吸引关注，如图 8-16 所示。

图 8-16　某花卉网店的微博文案

案例点评： 左边的微博文案很好地借助了微博热门话题，虽分享的花不是话题中的紫藤花，但却抓住了花、走廊这两个相似点，分享了走廊旁开满木香的场景，给人以美的享受。右边的微博文案则利用了中国航天 67 岁生日的热点，以月季制作的蛋糕来将花与该热点建立关联，十分自然、巧妙。两条微博文案都利用热门话题的热度，达到了推广产品的目的。

2．解答疑难

除了利用话题，选取与用户工作、生活息息相关的话题或用户普遍面临的问题、难题，也可以引起用户的关注。文案人员若能针对这些问题给予良好的解决方案，就可以得到用户的认可。例如，图 8-17 所示为小米发布的解答疑难问题的微博文案，其文案首先描述了要解答的疑难问题，然后以简洁利落的表述详细介绍解决办法。

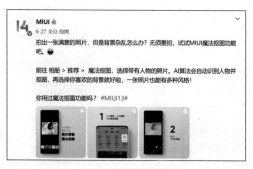

图 8-17　小米发布的解答疑难问题的微博文案

3．关联营销

关联营销是一种通过将不同产品、服务、品牌等相互关联，以增加用户参与度、扩大品牌影响力的营销方式。微博文案的关联营销可以通过创建关联话题，或直接 @ 被关联的对象来实现。这样的关联微博文案可以吸引对方的粉丝，增加品牌的曝光度和知名度。

在写作关联营销微博时，文案人员要注意各品牌之间应有一个明确的共同话题或目标，以形成明显的关联。此外，文案人员还可以借助发放奖品、福利等形式吸引用户关注。例如，图 8-18 所示为莫小仙发布的联动洽洽的微博文案，二者的关联在于都是零食品牌，用户在国庆出游时可以一并带上。

图 8-18　莫小仙发布的联动洽洽的微博文案

> **👤 专家指导**
>
> 除了保证微博文案本身的质量，文案人员还可以采取一些手段来提高微博粉丝的活跃度，提高微博文案的阅读量/转发量，以提升微博文案的推广效果。具体手段包括定期更新微博内容，稳定输出有价值的、有趣的内容；与粉丝进行互动，包括发起话题讨论（见图 8-19）、在评论区回复粉丝留言、转发或点赞粉丝微博等，以拉近粉丝与品牌之间的距离；发起微博活动，如转发抽奖活动（见图 8-20）、留言有奖活动等。

图 8-19　发起话题讨论　　　　图 8-20　转发抽奖活动

8.3　短视频文案的写作

短视频文案是指以短视频为主要形式的一种广告文案。相比于图文类文案，短视频文案更加直观，且更具视觉冲击力，因此短视频文案成为众多企业开展营销的重要方式之一。短视频文案主要由标题和脚本两部分组成。标题展示的是短视频的主题，脚本是指拍摄短视频所依据的底本，其功能是作为故事的发展大纲，用于确定故事的发展方向。

8.3.1　短视频标题的写作

在短视频平台，用户通常先看到视频画面，而标题则因位于视频左下角，不能及时被用户看到。然而，精心设计的短视频标题仍然扮演着重要的角色，它是对短视频内容的概括，可以影响短视频文案的质量。因此，写作短视频文案标题时，文案人员需要了解以下 4 点注意事项。

- **字数适中**：短视频文案标题的字数应恰到好处，既能准确展示文案主题和关键信息，又能让用户快速获取文案内容。
- **使用修辞手法**：使用反问、对比、夸张、比喻等修辞手法，可以增加标题的表现力，引起用户的兴趣。
- **合理断句**：对短视频文案标题进行合理断句，使主题更加清晰，减轻用户的阅读负担，确保信息传达更加明了。
- **考虑推荐机制**：了解短视频平台的推荐机制，避免使用系统无法识别的词汇，如非常规词、冷门词汇或不常见缩写（如将成都缩写为"CD"等），以确保短视频文案能够更好地被系统推荐给用户。

8.3.2　短视频脚本的写作

短视频的拍摄看似十分简单，门槛不高，但受欢迎的短视频往往不是随手拍摄而成的，而是精心策划短视频脚本，并以此为基础进行拍摄制作的。因此，文案人员要想提高短视频的制作水准，就要先写好短视频脚本。

1. 短视频脚本的写作思路

视频与文字的呈现方式不同，视频是由一个个镜头组接起来的，因此视频类文案写作思路与图文类文案不同。短视频脚本的写作思路一般按照明确短视频主题、规划内容框架、填充内容细节、完成脚本 4 个流程进行。

（1）明确短视频主题。明确短视频主题时，文案人员首先要考虑当前领域内的热门话题，如美食领域的健身餐、快手菜等，或数码领域的产品测评、计算机操作技巧分享等。同时，文案人员要关注目标用户的兴趣和需求。例如，如果目标用户是"研究生入学考试考生"，那么短视频的主题可以是研究生备考指南。但最重要的一点是，短视频的主题要与产品或品牌有一定的关联。

（2）规划内容框架。主题确定后，文案人员需要规划内容框架。这包括考虑如何通过具体内容和表现方式来呈现主题，如人物、场景、事件等，同时详细规划这些元素，确保视频能够清晰地传达主题。例如，需要拍摄一个健康早餐的美食类短视频来推广××牌燕麦，已确定拍摄主题为"制作水波蛋燕麦粥"，根据以上内容规划内容框架，如表 8-1 所示。

表 8-1　规划内容框架

脚本要点	要点内容
拍摄主体	水波蛋燕麦粥的原料和成品
人物	一名身穿围裙的男子
场景	厨房
事件	男子展示水波蛋燕麦粥的制作方法
产品植入	将需要植入的燕麦产品以道具的形式呈现在用户面前，通过念台词的方式把燕麦产品的信息口述出来

（3）填充内容细节。在确定好内容框架之后，文案人员就需要在脚本中填充更多的内容细节。例如，男子在水烧开的锅中加入白醋，缓缓放入鸡蛋。

（4）完成脚本。完成内容细节的填充后，文案人员还需要确定每个镜头的镜号、景别、拍摄方式、画面内容、台词、声音、时长，然后将其整理为完整的脚本。

- **镜号**。镜号是用来标识镜头的编号，通常按照它们在视频中出现的顺序来标记，使用数字进行编号。

- **景别**。景别通常包括远景、全景、中景、近景和特写5种。不同的景别能够传达不同的情感和细节，所以需要根据整个故事的脉络和矛盾冲突来选择合适的景别。例如，如果主角感到紧张，文案人员可以使用特写镜头来捕捉他颤抖的手部动作，以展现内心的情感变化。

扫一扫

景别、运镜和机位

- **拍摄方式**。拍摄方式涉及运镜方式和机位的选择。运镜方式包括固定的静态镜头或动态的推、拉、摇、移等运动镜头。机位则包括拍摄角度，如平视、俯视、仰视等。选择合适的拍摄方式可以增强故事的表现力。

- **画面内容**。画面内容需要用简洁而具体的语言来描述，以表现出要传达的具体画面形象。必要时，文案人员可以使用图形或符号来辅助表达。

- **台词**。台词是指在视频中所说的话语或者以文字形式出现在画面中的文字内容。台词若是人物的对话，其作用包括揭示情节的发展，将用户的注意力引导到特定的情节点上，以及展现角色的性格特点。例如，要塑造一个勤俭持家的人物，文案人员可以设计该人物在买菜时与菜店店主还价的对话。台词若是以文字形式出现在画面中，则应起到解释说明、强调品牌或产品信息等作用。

- **声音**。声音是指短视频采用的背景音乐或音效。背景音乐有助于营造特定的氛围，增强用户的情感共鸣。文案人员在写作脚本时应选择与短视频的主题和情感目标一致的背景音乐，如煽情剧情类短视频使用曲调伤感的背景音乐。音效可以增强视频真实感，包括现场的环境声、自然声音、特定事件的声音效果等。

- **时长**。时长与内容的详略、质量有关。通常应根据短视频整体的时间、故事的主题和主要矛盾冲突等因素确定每个镜头的时长。

表8-2所示为制作完成的"制作水波蛋燕麦粥"短视频的分镜头脚本。

表8-2　制作完成的"制作水波蛋燕麦粥"短视频的分镜头脚本

镜号	景别	拍摄方式	画面内容	台词	声音	时长
1	中景	固定镜头，平视机位	厨房中，一名身穿围裙的男子站在料理台前，台面上摆放着燕麦片、奇亚籽、藜麦、鸡蛋、花生酱、坚果、白醋和海盐等食材	今天我们来制作水波蛋燕麦粥，这是一份美味健康的早餐	轻快纯音乐	3秒

续表

镜号	景别	拍摄方式	画面内容	台词	声音	时长
2	中景	固定镜头，平视机位	男子将一个鸡蛋打入小碗中，碗中装有少量水	首先，准备一个鸡蛋，打入小碗中	轻快纯音乐＋将鸡蛋打入碗中的声音	4秒
3	中景	固定镜头，平视机位	小锅里的水沸腾，男子在其中加入几滴白醋，用筷子搅出一个漩涡，然后轻轻倒入鸡蛋，盖上盖子	水沸腾后，加几滴白醋，制造一个漩涡，然后倒入鸡蛋，盖上盖子焖两分钟	轻快纯音乐＋水沸腾的声音和将鸡蛋倒入锅中的声音	4秒
4	特写	固定镜头，俯视机位	盘子中摆放着已做好的水波蛋	两分钟了，水波蛋已经制作完成	轻快纯音乐	1秒
5	中景	固定镜头，平视机位	男子在碗中加入奇亚籽、藜麦、燕麦片，然后倒入清水	接下来，将奇亚籽、藜麦、燕麦片放入碗中，再倒入清水	轻快纯音乐＋将食材加入碗中的声音	3秒
6	特写	固定镜头，俯视机位	男子在碗中加入少许海盐、花生酱、坚果	这样水波蛋燕麦粥就做好啦，是不是很简单？赶紧做起来吧，记得要用××牌燕麦哦	轻快纯音乐	3秒

2. 短视频脚本的写作技巧

由于很多短视频都带有一定的剧情，因此短视频文案正文主要包括人物的台词和情节的发展。在写作的过程中，文案人员可以掌握一些必要的写作技巧，提高短视频脚本的质量。

（1）选用熟悉场景。短视频不同于长视频，二者的剧情逻辑是不同的。长视频可以"讲故事"，有完整的开端、发展、高潮和结局，而短视频只能"说情节"，也就是说一定要"短、平、快"。在短视频中，故事背景等信息没有时间详细交代，更多的是直接选用一个大家都熟悉的场景或背景，如家、服装店、学校课堂（见图8-21）等，让用户可以快速感知并代入情节。

（2）满足感性需求。一般来说，用户在看短视频时以娱乐放松为主，不会去考究细节或思考深层次的道理。因此，文案人员在写作短视频脚本时，应重点去满足用户的感性需求，如以美食（见图8-22）为切入点，调动用户的情绪，从而达到好的推广效果。

图 8-21　选用熟悉场景　　　　图 8-22　满足感性需求

（3）多使用短镜头。在短视频创作中，短镜头（通常不超过10秒）的快速切换能够给用户带来新奇感和刺激感，相比之下，较长的画面可能会显得乏味和沉闷。因此，文案人员写作短视频脚本时，可以多使用短镜头，不过多详细描述每个画面，而是通过台词来传达必要信息。这样的创作方式更符合用户碎片化的观看习惯，能够确保他们在短时间内理解和记住关键信息。

（4）信息量适中。受短视频的长度限制和用户观看习惯的影响，短视频脚本中的信息量不宜过多，否则会使短视频显得杂乱，让用户失去观看兴趣。因此，文案人员写作短视频脚本时可以选择一个最重要的信息或要点来构建短视频的情节。例如，小米手机发布的一则短视频就围绕"悬停生活"这一要点，分别展现了主角利用小米手机实现悬停音乐、悬停观影、悬停健身等场景，突出了"悬停生活"这一主题，如图8-23所示。

（5）增强趣味性。趣味性较强的短视频一般更能吸引用户的眼球。要增强短视频的趣味性，文案人员可以加一些夸张、有创意的元素，但不能过于低俗以致损害品牌形象。例如，图8-24所示为某零食品牌发布的短视频，其十分有创意地给飞机加上了鸡爪一般的腿，让其快速奔跑起来直至起飞，最后以"好吃到上天"点明主题，虽然不符合常规逻辑，但给人幽默、有趣的感觉。

图 8-23　小米手机短视频

图 8-24　某零食品牌发布的短视频

（6）设置反转。一般情况下，短视频的第一部分需要吸引用户的注意力，然后通过剧情反转来吸引用户继续观看，最后一部分则引导用户做出相应行为，如购买产品、点赞短视频等。其中，反转是指情节由一种情境转换为相反的情境、人物身份或命运向相反方向转变的故事结构方式，讲究"情理之中，意料之外"，可以通过人物性格、行为、形象的转变／反差或安排不按常规套路发展的情节来设置。

✎课堂讨论

在抖音App中搜索"反转"，观看并分析搜索出来的短视频是如何设置反转的。

案例分析：王小卤的趣味短视频

　　王小卤是以年轻人为主要目标用户的零食品牌，其经常在抖音等短视频平台发布有趣的短视频。例如，图8-25所示的王小卤趣味短视频模拟了短跑比赛最后阶段的情景，画面中一位运动员全力冲刺，配合旁白解说制造悬念，让用户好奇比赛结果会如何。接着，该运动员顺利地第一个过线，然而出人意料的是，他没有停下来，而是连续4次冲过线，并做出"4"的手势，旁白解说适时地提出问题"这个手势代表着什么意思呢"，引导用户思考，最后给出答案——王小卤虎皮凤爪连续四年销售额全国领先（画面中显示带有品牌产品名称的搜索框，引导用户去搜索购买产品）。

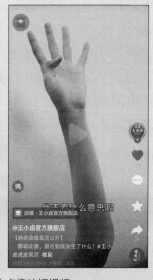

图8-25　王小卤趣味短视频

　　案例点评：该短视频选取了一个用户熟悉的场景——短跑比赛冲刺场景，通过比赛自带的悬念以及标题"最后到底发生了什么"的描述来吸引用户继续观看。当运动员首先冲线时，剧情却有了出乎预料的发展——运动员没停下来，而是连续4次冲线，这就与常理相悖，形成了反转。同时该短视频通过运动员的特殊手势继续制造悬念，最后给出一个确定的答案，既制造了幽默效果，又推广了品牌和产品，给用户留下深刻印象。

素养提升

　　党的二十大报告指出："社会主义核心价值观是凝聚人心、汇聚民力的强大力量。"文案人员在写作短视频脚本时可以尽量将社会主义核心价值观自然融入短视频内容中，丰富短视频的内涵。例如，文案人员在直播脚本中通过描写邻里互助、社区服务等情节来传达"友善"这一价值观，传递社会正能量。

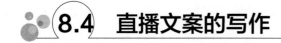

8.4　直播文案的写作

近年来，直播已经成为人们日常生活的一部分，越来越多的企业或品牌开始在各大直播平台开设直播间，以促进产品销售和品牌推广。要想最大限度地发挥直播的推广效果，文案人员写作一个吸引力强的直播文案非常重要。通常来说，直播文案包括直播脚本和直播话术两种。

8.4.1　直播脚本的写作

直播脚本是一场直播的总体框架，它有助于确保直播按计划有序进行，规避潜在的风险。直播脚本主要包括单品直播脚本和整场直播脚本。

1．单品直播脚本

单品直播脚本主要针对单个产品展开，主要用于引导主播详细介绍和推销这个特定的产品。以家电为例，单品直播脚本会详细描述产品的各个方面，包括功能、外观设计、使用场景、耗电情况、使用方法等。

单品直播脚本通常以表格形式呈现，包含品牌介绍、卖点、产品优惠信息等要素，如表8-3所示。

表8-3　单品直播脚本示例

项目	宣传点	具体内容
品牌介绍	品牌理念	专注于手工制作天然肥皂，致力于提供对皮肤温和而环保的护理产品
卖点	天然原材料	采用天然成分制作，不含任何化学添加剂，让皮肤得到温和的呵护
	诱人香氛	多种香气选择，香气清甜不腻，带来不同的沐浴体验
	可定制礼盒	可定制礼品套装，适用于各种场合，如生日、婚礼等
产品优惠信息	折扣 + 赠品	享受 8.5 折优惠，并获赠手工皂小样，下单时需备注主播名称
注意事项		引导用户分享直播间并点赞，引导用户加入微信粉丝群

2．整场直播脚本

整场直播脚本是对直播的全过程进行详细规划，以确保直播有序开展。整场直播通常按照一定的流程进行，首先是开场预热，通过互动、抽奖等方式使直播间气氛更加活跃；然后是活动剧透，简单罗列本场直播涉及的产品；接着逐一讲解产品，其间可穿插互动环节；最后感谢用户观看，并预告下场直播。表8-4所示为某家电品牌的整场直播脚本示例。

表8-4　某家电品牌的整场直播脚本示例

××品牌整场直播脚本	
直播时间	2023-08-26，20:00—21:45
直播地点	××直播室
直播主题	××品牌家电促销
产品数量	6款
主播介绍	主播——××，助理——××，客服——××

直播流程				
时间段	流程规划	人员分工		
		主播	助理	客服
20:00—20:10	开场预热	自我介绍，与进入直播间的用户打招呼，介绍开场直播截屏抽奖规则	演示直播截屏抽奖的方法，回答用户的问题	向各平台分享开播链接，收集中奖信息
20:11—20:20	活动剧透	简单介绍本场直播所有产品，说明直播间的优惠力度	展示所有产品，补充主播遗漏的内容	向各平台推送直播活动信息
20:21—20:30	产品推荐	讲解第1款产品，全方位展示产品外观，详细介绍产品特点，回复用户问题，引导用户下单	协助主播展示、回复用户问题	发布产品的链接，回复用户订单咨询
20:31—20:40	产品推荐	讲解第2款产品	同上	同上
20:41—20:45	红包活动	与用户互动，鼓励用户参与	提示发放红包时间节点，介绍红包活动规则	发放红包，收集互动信息
20:46—20:55	产品推荐	讲解第3款产品	协助主播展示、回复用户问题	发布产品的链接，回复用户订单咨询
20:56—21:05	产品推荐	讲解第4款产品	同上	同上
21:06—21:10	福利赠送	与用户互动，鼓励用户参与	提示福利赠送时间节点，介绍抽奖规则	收集中奖用户信息，与中奖用户取得联系
21:11—21:20	产品推荐	讲解第5款产品	协助主播展示、回复用户问题	发布产品的链接，回复用户订单咨询
21:21—21:30	产品推荐	讲解第6款产品	同上	同上

续表

时间段	流程规划	人员分工		
		主播	助理	客服
21:31—21:35	红包活动	与用户互动，鼓励用户参与	提示发放红包时间节点，介绍红包活动规则	发放红包，收集互动信息
21:36—21:45	直播预告	预告明日直播产品，引导用户关注直播间，强调明日准时开播和直播福利	协助主播引导用户关注直播间	回复用户订单咨询

8.4.2　直播话术的写作

直播话术是指在实时直播的过程中，主播采用的一系列精心设计的口头表达和交流技巧，旨在实现吸引用户关注、促进互动、传递信息、推销产品等目标。直播话术不仅能帮助主播有条理地呈现内容，还可以激发用户的情感，引导他们采取特定的行动。

1. 直播开场话术

直播开场话术的作用是在直播开场快速营造出热烈的氛围，让用户对直播产生期待，延长观看直播的时间。直播开场话术的内容主要有主播自我介绍和福利预告两类。

（1）主播自我介绍。主播自我介绍有助于打造主播人设，加深用户对主播的印象。写作主播自我介绍的话术时要找准主播的特点，如有才艺、在某方面十分专业或风趣幽默等，话术可以活泼轻松一点。例如，某擅长唱歌的美食主播的自我介绍为"嘿，大家好！我是小明，是不是有点熟？没错，我就是那个厨房小能手，烹饪是我的绝活！还有，我超爱音乐，随时准备弹奏点儿曲子给大家，感谢大家前来捧场！"

（2）福利预告。多数直播都会安排发放福利环节，为用户送礼品、发红包和抽奖等，满足用户的利益需求。主播在开场时可以先对福利进行预告，吸引更多用户观看，以及维护已有用户。例如，"大家好！欢迎大家来到我的直播间。今天的直播我们准备了超多的福利和超值的折扣，还有神秘大奖等你们拿，千万别走开！"

2. 产品介绍话术

产品介绍话术是指在直播中，用来描述和推销产品的话术。主播通过清晰地传达产品的价值、功能和优点等，吸引用户购买产品。

（1）产品介绍话术的主要内容。产品介绍话术主要由产品介绍（包括产品成分／原料、功能、外观设计、使用方法等）和使用场景（产品可以由何人在何时、何地使用，怎么用等）等部分组成。例如，以下为某跑鞋的产品介绍话术。

- **产品介绍**。这双跑鞋是专门为跑步爱好者设计的。它有一个弹性很好的中底，还带有气垫，因此你每次踩下去都会感到它的弹性很好，可以减小跑步时的冲击力。它的鞋面采用的是透气网眼设计，不用担心闷脚、有异味。

- **使用场景**。这双跑鞋适合各种场合，无论是晨跑、打篮球，还是逛街，穿它都非常合适。

（2）产品介绍话术的写作技巧。产品介绍话术的作用是促使用户下单，这需要话术具备较强的说服力，文案人员在写作产品介绍话术时，可以使用以下技巧来增强话术的说服力。

- **善用对比**。对比可以让用户对产品卖点或效果有一个直观的认识，还可以突出所推荐产品的优势。例如，某低盐生抽的介绍话术为"相较于普通生抽，低盐生抽含有更少的钠。大家知道，钠是引起血压升高的关键因素，因此我们的低盐生抽有助于维护血压和心血管健康，对家人尤其是老年人的身体非常有好处"。该话术将低盐生抽与普通生抽进行了对比，突出了低盐生抽的优势。

- **产品举证**。产品举证就是出示证据来证明产品值得信赖，可以列举的证据包括用户的好评、客观的数据、研究结果、权威机构的证书等。例如，某零食的介绍话术为"这款零食超火，大家可以去查，官方淘宝店已经卖出××万包了，好评率超过99%"。

- **营造场景感**。营造场景感的常用方法是描述一个使用产品的画面，让用户更加直观地了解产品的特点和功能等。例如，介绍香薰蜡烛的话术可以为"想象一下，当你点燃这支蜡烛时，房间充满了温暖的黄色光芒，烛光在墙上投下柔和的影子。房间里弥漫着新鲜的橙子香气，就像是在一个阳光明媚的柑橘园里，微风拂过，果实熟透，这种愉悦的香气四溢"。该话术通过描述柑橘园里漫步的愉悦感受，介绍了香薰蜡烛的美妙香味，突出了香薰蜡烛的卖点，可以激发用户的购买欲望。

3．互动话术

互动话术是指主播为了避免直播冷场，积极引导用户互动，使直播间始终保持活跃氛围的话术。互动话术可以分为以下3种。

（1）发问式互动话术。发问式互动话术主要是通过向用户提问来与用户互动，答案往往是开放性的，如"小伙伴们早饭喜欢吃什么？来，评论区留下你们的答案""大家平时都喜欢做什么呢？来，把答案打在公屏上"等。

（2）选择式互动话术。选择式互动话术通常包括两个或三个选项，用户从中进行选择，不需要过多思考。例如，"今天的直播我们主要做甜品，大家更想看我们做蛋糕还是饼干呢？来，想看做'蛋糕'的在评论区输入1，想看做'饼干'的在评论区输入2"。

（3）"刷屏"式互动话术。"刷屏"式互动话术即让用户在同一时间发布相同内容，其作用是引导用户共同评论来制造热闹的直播氛围，如"觉得这个价格划算的在评论区输入666！""要参与抽奖的请在弹幕上打出'××（品牌）大卖'"等。

4．引导下单话术

引导下单话术主要是通过巧妙的语言表达技巧，引导用户主动下单。通常来说，直播间引导用户下单话术的写作要点主要有以下几点。

（1）打消用户顾虑。用户在直播间购买产品，不能触摸到实物，下单前难免存在疑虑。因此，除了介绍产品，主播还需要消除用户的疑虑，如针对用户常见的问题给出解答、强调完善的售后服务及品牌的良好信誉，增强用户的购买信心。如"××，我明白你的顾虑。这款椅子是按照人体工程学设计的，坐起来非常舒适，而且坐垫采用了高弹性材质，提供了良好的支撑。很多用户都反馈非常满意。我们也提供了免费试坐的服务，如果你收到椅子后觉得不好用，可以联系客服进行退换。所以，你可以放心下单！"。

（2）制造稀缺感和紧迫感。制造稀缺感和紧迫感是利用用户"怕买不到"的心理，促使用户快速下单。稀缺感和紧迫感主要通过强调购买时间、购买数量等体现。

- **强调购买时间**。例如，"这个价格是我们特地向品牌方申请的，只能给大家一分钟时间下单，到时间立马下架，大家抓紧下单哦。"
- **强调购买数量**。例如，"这款充电宝是品牌联名款，数量不多，直播间只上架50个，千万不要犹豫！"

（3）价格对比。很多用户在直播间购买产品时都希望买到性价比高的产品，因此在设计引导下单话术时，主播可以将产品平时价格、线下门店价格等与直播间优惠价格进行对比，通过强调优惠力度促使用户下单。例如，"这双鞋，淘宝店平时的价格是99元一双，今天我们送福利，只要69元一双，还送两双袜子、一个护腕，光是赠品都得值30元，真的非常划算！"

5．直播结束话术

直播结束话术用于整场直播的结尾部分，好的直播结束话术能够很好地烘托直播氛围。具体来说，直播结束话术包括表达感谢、总结直播内容、引导关注、预告下场直播等内容。例如，某场直播结束话术为"感谢大家的观看，今天的直播就要结束啦！今天的直播我们介绍了10款好用的日用品，希望大家都买到了喜欢的产品。大家如果喜欢今天的直播，记得关注我们的直播间，以后我们会带来更多的特惠活动。下次的直播是本周五晚8:00，主题是零食专场，我们不见不散哦！"。

 **素养提升**

国家广播电视总局、文化和旅游部联合发布的《网络主播行为规范》规定，网络主播应当引导用户文明互动、理性表达、合理消费，共建文明健康的网络表演、网络视听生态环境。网络主播应当按照规范写法和标准含义使用国家通用语言文字，增强语言文化素养，自觉遏阻庸俗暴戾网络语言传播，共建健康文明的网络语言环境。因此，文案人员要自觉遵守法律法规，撰写合法合规的直播话术，维护健康的直播环境。

📈 8.5 课堂实训

实训一 写作微信和微博文案推广行李箱

行李箱品牌莱心推出了新款行李箱，尺寸为20寸，材质良好，强韧耐摔，采用万向轻音轮，顺滑、噪声小，配有嵌入式密码锁。该款行李箱原价为229元，优惠价为169元。现该品牌打算在微信朋友圈和微博发布文案为该产品做宣传。

1．实训目的和要求

通过本次实训，掌握微信和微博文案的写作方法，具体要求如下。

（1）写作介绍专业知识的微信朋友圈文案来推广行李箱。

（2）写作利用热门话题的微博文案来推广行李箱。

2．实训步骤

本实训需要分别写作微信朋友圈文案和微博文案，具体步骤如下。

STEP 01 ◇写作介绍专业知识的微信朋友圈文案。行李箱往往在出行时携带，且很多用户都会考虑行李箱能否带上飞机的问题，因此主播可以从这个问题切入，介绍能随身携带登机的行李箱的尺寸，再植入行李箱的广告信息。主播在写作时可以开门见山地提出问题，并使用"【】"符号将问题括起来，使其更醒目，接着详细做出解答，分点叙述，层次清楚。介绍专业知识的朋友圈文案如图8-26所示。

STEP 02 ◇写作利用热门话题的微博文案。考虑到微博发布时临近"十一"长假，因此主播可以选择从"十一"出游这一热门话题切入，由出游过渡到携带行李箱而非背包的必要性，进而推广该品牌行李箱。利用热门话题的微博文案如图8-27所示。

图 8-26 介绍专业知识的朋友圈文案

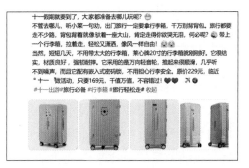

图 8-27 利用热门话题的微博文案

实训二 为"带货"短视频写作脚本

日用品品牌居安安最近推出了一款桌面收纳盒，可以进行分类收纳，有大、中、小3种规格，采用加厚聚丙烯材质制作，结实耐用。该收纳盒两侧有提手设计，底部有防滑垫高设计，颜色有橘色、蓝色、黄色、绿色等。居安安打算拍摄短视频推广该款桌面收纳盒。

1．实训目的和要求

通过本次实训，主播掌握短视频脚本的写作方法，具体要求为：按照短视频脚本写作思路，为居安安写作短视频脚本，以表格形式呈现。

2．实训步骤

本实训可分为明确短视频主题、规划内容框架、填充内容细节及完成脚本4个部分。

（1）明确短视频主题。

该短视频的主题十分明确，即展示桌面收纳盒的实用性和多功能性，突出产品的卖点，以吸引用户，促使用户购买。

（2）规划内容框架。

该短视频只需要简单展示桌面收纳盒，不需要设计情节，也不需要人物出镜，只需双手摆弄收纳盒。场景可以是便于展示收纳盒功能的居家环境，包括书桌、厨房、梳妆台等。同时考虑到该视频为"带货"短视频，因此主播选择直接植入产品的方式推广产品。根据以上内容，撰写出桌面收纳盒"带货"短视频内容框架，如表8-5所示。

表8-5　桌面收纳盒"带货"短视频内容框架

脚本要点	要点内容（示例）
拍摄主体	桌面收纳盒
人物	女人（不需要出镜）
场景	居家环境，包括书桌、厨房、梳妆台等
事件	女人展示桌面收纳盒，先展示整体，再展示各种场景的收纳，最后再次展示整体，同时号召用户下单
产品植入	通过台词将产品信息传达给用户，强调价格亲民、实用性和多功能性

（3）填充内容细节。

该短视频的内容细节主要是如何展示收纳盒。根据内容框架中的场景要求，主播可以将展示收纳盒分为整体外观展示、抽屉收纳展示、梳妆台收纳展示、厨房收纳展示、零食收纳展示等，其中整体外观展示可以把多个收纳盒摆放在桌面上，抽屉收纳展示可以借助收纳前后的对比来体现收纳效果，而其他场景则选择直接展示收纳盒的收纳效果。

（4）完成脚本。

完成脚本要确定镜头数，画面内容、景别和拍摄方式，台词，声音和时长，具体步骤如下。

STEP 01 ◐**确定镜头数**。根据此前的规划，主播需要分别展示收纳盒的整体外观、抽屉收纳、梳妆台收纳、厨房收纳、零食收纳、整体（再次展示收纳盒的整体外观），其中抽屉收纳需要对比收纳前后的情况，需要 2 个镜头，因此总共应安排 7 个镜头。

STEP 02 ◐**确定画面内容、景别和拍摄方式**。根据所展示的内容来确定每个镜头对应的画面内容，然后根据画面内容选择合适的景别和拍摄方式，如想要清楚展示使用收纳盒前抽屉里乱糟糟的情况，主播可以选用特写镜头，拍摄方式为俯拍、固定镜头。

STEP 03 ◐**确定台词**。台词需要根据画面内容进行补充性说明，如画面展示的是使用收纳盒整理抽屉后的效果，主播就应在台词中强调抽屉变得如何整洁。

STEP 04 ◐**确定声音和时长**。声音统一采用轻快背景音乐，镜头时长则应根据画面内容来确定。该短视频的画面内容都比较简单，镜头时长可以尽量短一些。

结合以上信息，完成分镜头脚本，桌面收纳盒的短视频脚本如表 8-6 所示。

表 8-6 桌面收纳盒的短视频脚本

镜号	景别	拍摄方式	画面内容	台词	声音	时长
1	近景	固定镜头，正面拍摄	一排收纳盒整齐摆在桌面上	朋友们挖到宝了，居安安的收纳盒，质量超好	轻音乐或者欢快的音乐	2 秒
2	特写	固定镜头，俯拍	手拉开抽屉，抽屉里的东西摆得乱糟糟的	像这种抽屉，东西多放一点，就会乱糟糟的		2 秒
3	特写	固定镜头，俯拍	手拉开抽屉，东西放进收纳盒，整齐摆好	但用它就能收纳得整整齐齐		2 秒
4	近景	固定镜头，正面拍摄	收纳盒里放满化妆品，摆在梳妆台上	放在梳妆台上收纳化妆品		1 秒
5	近景	固定镜头，正面拍摄	收纳盒里放满调料，摆在厨房台面上	放在厨房收纳各种调料		1 秒
6	近景	固定镜头，正面拍摄	3 个收纳盒里放满零食，整齐摆在柜子里	而且零食也不用到处乱摆了		1 秒
7	近景	固定镜头，正面拍摄	手拿起收纳盒展示	这么实用还便宜的收纳盒，你就说买不买吧		3 秒

实训三　为日用品专场直播写作直播话术

某直播间打算开展一场日用品专场直播，由小琴来担任主播。小琴是资深日用品主播，主打阳光爽快妹子的人设。直播计划推销多款日用品，其中重点产品是厨房湿巾，其具体信息为：采用珍珠绵柔无纺布制作，尺寸比普通湿巾无纺布大；采用亲肤配方，温和不伤手；加入了去污因子，能快速去除厨房油污；整套共5包，一包48片，原价79元一套，直播间仅售59元一套，还送一包可湿水手帕纸。

1．实训目的和要求

通过本次实训，掌握直播话术的写作方法，具体要求为：为该场直播写作直播话术，包括直播开场话术、产品介绍话术（针对厨房湿巾）、引导下单话术（针对厨房湿巾），以及直播结束话术。

2．实训步骤

本实训需要分别写作不同类型的直播话术，具体步骤如下。

`STEP 01` ◆写作直播开场话术。直播开场话术主要是主播的自我介绍和福利预告。主播的自我介绍要凸显主播的特点和人设，根据主播小琴的性格特点，自我介绍话术应爽快、活泼、幽默。而福利预告只需要简单说明有超多福利，激起用户期待。

写好的话术：大家好呀，我是小琴！别看我小小年纪，我可是个家务达人，对日用品可有研究呢。今天，直播间要分享好多好用的日用品，还有超多惊喜福利等待着大家，快跟我一起看看吧！

`STEP 02` ◆写作产品介绍话术。产品介绍话术主要是介绍产品原料、功能、使用方法、使用场景等。此外，主播还可以将产品使用前后效果进行对比（配合主播现场演示），以说明产品的去污能力。

写好的话术：这款厨房湿巾可不一般，它是采用珍珠绵柔无纺布制成的，比起普通湿巾尺寸更大，擦起来更省力！它里面加入了去污因子，能迅速去除各种顽固的厨房油污，一抹就干净。来，我们给大家演示一下，这是一个沾满油污的盘子，啧啧，你看多脏，这么厚一层油，用洗洁精都要冲半天才能弄掉。现在我们用厨房湿巾擦一下，看见没，盘子瞬间就干净了。

`STEP 03` ◆写作引导下单话术。引导下单话术分为两方面，分别是价格对比和强调稀缺性。价格对比可以将直播间价格与官方旗舰店的日常价进行对比，并告知用户具体的优惠程度，最后再强调加送可湿水手帕纸，给用户额外惊喜；强调稀缺性可以直接说明上架数量只有300套，卖完不补。

写好的话术：这款厨房湿巾一套是五包，每包48片，平时在官方旗舰店买可是要79元一套的，但今天在直播间，只要59元一套，还额外送一包可湿水手帕纸，真的很划算了！需要的小伙伴赶紧下单，卖完不补货，错过就没有这样的优惠了！

`STEP 04` ◆写作直播结束话术。直播结束话术可以首先真诚地向用户表示感谢，并再次提醒用户关注直播账号，最后预告下场直播。文案人员在写作直播结束话术时可以使用活泼的语气，加入与用户互动的话语，拉近与用户的距离。

写好的话术：好了，还有3分钟小琴就要下播啦。感谢大家的陪伴！今天的直播真的好开心，多亏了大家的支持和参与。你们是最棒的观众！如果你们喜欢今天的产品，记得多多关注我们的直播账号，因为未来还有更多福利等着你们哦。下场直播是××月××日，星期×晚上××，是我们的清洁用品专场，感兴趣的小伙伴们一定要准时来直播间哦。

8.6 课后练习

1. 选择题

（1）【单选】以下关于短视频脚本的说法，错误的是（　　　　）。

    A. 在短视频中更多的是直接选用一个大家都熟悉的场景或背景

    B. 写作短视频脚本时，应重点去满足用户的感性需求

    C. 短视频的信息量应适中

    D. 应该多使用长镜头

（2）【多选】写作微博文案时，文案人员可以使用的写作技巧包括（　　　　）。

    A. 利用话题   B. 解答疑难

    C. 关联营销   D. 要求粉丝加入社群

（3）【多选】微博文案的特点包括（　　　　）。

    A. 短小精悍   B. 互动性强

    C. 传播缓慢   D. 趣味性强

（4）【多选】微信朋友圈文案的内容包括（　　　　）。

    A. 分享产品信息   B. 分享生活或情感

    C. 展示用户评价   D. 介绍专业知识

2. 填空题

（1）直播的互动话术包括_____、_____、_____。

（2）微信公众号文案的写作切入点包括_____、_____、_____、_____。

（3）直播脚本主要有_____、_____两种。

3. 判断题

（1）不同于微信朋友圈主要建立在私人关系上，微信公众号更加开放，不是好友的用户也可以查看微信公众号文案。（　　　）

（2）微信平台针对微信公众号文章制订了明确的内容规范。（　　　）

（3）短视频的信息量越大越好。（　　　）

4. 实践题

（1）构思一则微信朋友圈文案，在分享生活趣事的同时植入洗衣液的广告。该洗衣液的卖点是99%除菌除螨，72小时长效抑菌，48小时持久留香。

（2）现有一款不粘锅，其卖点为：拥有耐刮的不粘涂层，食物不会粘在锅底；有方便握持的把手，可以轻松地翻炒；底部设计均匀加热，更容易烹饪出美味的佳肴。该款不粘锅原价为99元，现价为49元。现需要拍摄一则短视频为该不粘锅做宣传，请你为其写作短视频脚本。

（3）运动品牌飞达计划开展直播营销，以推广网店热销的10款运动产品，直播时间为2023年10月19日19:00—21:00。本场直播由欣欣作为主播，宋嘉作为场控。为吸引用户，该公司计划开展"满300元减40元"的优惠活动。此外本场直播还安排了两轮抽奖活动，要求用户以弹幕的形式发布"飞达大卖"，奖品为一个智能跳绳。请你为该场直播写作直播脚本。

第9章 其他互联网文案的写作

学习目标

● 掌握小红书文案、H5文案和社群文案的相关知识。

● 掌握小红书文案、H5文案和社群文案的写作方法。

素养目标

● 自觉践行社会主义核心价值观，发挥文案的积极作用。

● 遵守互联网社群相关法律规定，引导社群成员和谐、友好交流。

知识结构图

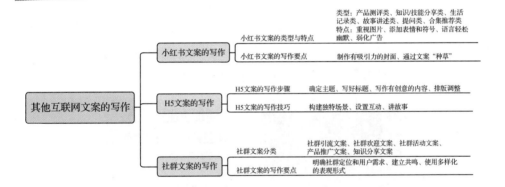

9.1 小红书文案的写作

小红书是一个定位为生活方式分享的社交平台，用户可以在该平台上发布各种类型的内容，涵盖时尚穿搭、护肤、彩妆、旅行、美食等领域。小红书还融入了电商元素，用户不仅可以在平台上分享购物心得，还能直接购买喜欢的产品。因此，众多企业和品牌纷纷在小红书上发布营销文案，促进产品销售。

> ✍ 课堂讨论
>
> 查询相关资料，结合自己的理解，说说小红书平台及其用户的特点。

9.1.1 小红书文案的类型与特点

小红书上的内容质量普遍较高，文案人员有必要了解小红书上受欢迎的文案的类型和特点，以便写出有吸引力的小红书文案。

1. 小红书文案类型

小红书文案可以大致分为以下几种类型。

（1）产品测评类。这类文案通常是用户在购买或使用产品后所分享的体验和评价，包括使用感受和使用效果等，如图9-1所示。

（2）知识/技能分享类。这类文案涵盖了各个领域的知识和技能分享，如生活、职场、科技等，这些文案强调实用性，通常会提供具体的操作方法和工具。例如，图9-2所示的小红书文案就介绍了出游期间冰箱省电的方法。

图9-1 产品测评　　　　图9-2 知识分享

（3）生活记录类。用户在小红书上分享各种生活点滴，包括旅行、情感、运动、美食、时尚穿搭、家居等内容。这些文案通常比较日常化、接地气，由随手拍摄的照片和简短的文字描述组成。

（4）故事讲述类。这类文案以文字内容为主，通常讲述真实生活中的故事，而不是虚构的戏剧性故事，旨在引起有类似经历的用户的共鸣和讨论。

（5）提问类。在这种文案中，用户会提出问题和困惑，希望获得其他用户的建议，特别是涉及购物决策的问题，常常能引起广泛的讨论和互动。

（6）合集推荐类。这类文案通常围绕特定主题，推荐一系列产品、美食（见图9-3）、旅游景点等，对用户的购物和决策产生重要影响。这类文案经常成为用户在购物前的重要参考依据。

图9-3 合集推荐

2．小红书文案的特点

小红书是一个生活方式分享平台，小红书文案因而也比较生活化、接地气。具体而言，小红书文案有以下特点。

（1）重视图片。小红书注重视觉呈现，封面图在版面中占据较大比例，用户通常会先看封面，所以封面非常重要。此外，小红书用户更愿意通过图片而不是文字获取信息，因此许多博主会在图片中标注核心信息，以更直观地展示信息。图9-4所示的小红书文案的封面选择了精致的食物图片，同时在图片上标注菜名和关键信息，而其他配图则详细展示了烹饪步骤，同时附有操作说明文字。

（2）添加表情和符号。小红书文案一般会大量使用不同颜色和形状的表情和符号，这些表情和符号可以帮助用户更轻松地理解文字内容，同时使文案更直观、生动，减轻大篇幅文字所带来的视觉疲劳。例如，图9-5所示的小红书文案就使用了一些很有特色的表情和符号（如代表行李箱、地址、晚霞的符号），不仅帮助用户在短时间内抓住笔记的重点，还能丰富文案的视觉效果。

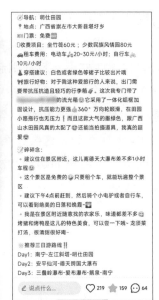

图9-4　注重图片的文案　　　　　　图9-5　使用表情和符号

（3）语言轻松幽默。小红书文案的内容贴近生活，多使用简洁朴实的日常用语、生活用语，并加入很多网络流行语，让用户感到亲切，并降低了阅读门槛。

（4）弱化广告。小红书较为注重用户的使用体验，因此相对弱化了硬广告的呈现。虽然平台引入了电商元素，但相对来说，小红书文案更多的是从普通用户的角度出发，分享真实的产品使用体验，让用户在潜移默化中自然地对产品产生兴趣，不是直接、生硬地推广产品，广告性质较淡。

9.1.2　小红书文案的写作要点

小红书文案内容会在很大程度上影响用户的购买决策，因此，在写作小红书文案时，文案人员需要考虑文案的视觉吸引力、价值性等。

1. 制作有吸引力的封面

封面在文案中占据较大的比例，因此封面必须具备较强的吸引力，吸引用户点击封面图，了解文案的全部信息。要提高封面图的吸引力，文案人员可以在封面图上添加文字标志，如图9-6所示。

封面的尺寸也对文案的效果有影响。小红书目前的封面尺寸有3：4（竖版）、1：1（正方形）与4：3（横版）3种。其中，1：1的封面与4：3的封面的版面相对较小，可能会被用户忽略，而3：4的封面不仅能够充分展示更多信息，也更符合用户的习惯和手机阅读场景，因此建议优先选择3：4的封面。

此外，很多小红书文案封面都会进行图片拼接，包括双图对比和多图拼接两种方式，以丰富图片的视觉效果。

● **双图对比**：适用于需要凸显过程和结果的文案，如化妆品的试用效果、装修前后的对比、健身前后的展示等。例如，图9-7所示的封面即为更换射灯前后的双图对比，用文字标示"更换前""更换后"，直观地呈现了更换效果。

- **多图拼接**：适合展示一系列相关事物，如不同色号的口红、每周七天的美食菜单、特定任务的操作步骤等。例如，图9-8所示的封面使用多图拼接方式，呈现了九种不同口味的早餐饼，整体风格保持一致，让人一目了然。

图9-6 添加文字标志

图9-7 双图对比

图9-8 多图拼接

课堂活动

打开小红书App，搜集几个使用双图对比和多图拼接的文案封面，并说明它们分别是什么类型的文案。

专家指导

除了封面，小红书文案通常还需要添加其他图片。需要注意的是，小红书文案所有的配图的风格应保持一致，否则会显得不协调。此外，文案人员可以使用美图秀秀、创客贴、黄油相机等加工图片，包括拼接，添加文字标志、水印、贴纸等，优化图片的视觉效果。

2．通过文案"种草"

小红书文案的显著特点在于其擅长引发"种草"效应。"种草"是指将某事物推荐给他人，激发他人的兴趣，甚至让他们喜欢上这个事物。小红书文案在"种草"方面具有强大的潜力，它能够引导用户自发地对特定事物产生浓厚兴趣，甚至引领网络时尚潮流。这一特性对产品或品牌推广非常重要，因此，文案人员应当掌握如何充分发挥小红书文案的"种草"能力。就这一方面而言，文案人员可以参考以下写作思路。

（1）确定切入点。"种草"可以从产品本身出发，包括产品外观或包装、产品使用体验、产品功能、产品选购技巧等，其中产品外观或包装可以采用开箱的形式来介绍，产品使用体验、产品功能、产品选购技巧可以通过测评、使用反馈等形式来介绍。一般而言，切入点要根据产品的特点、用户的需求等来确定。例如，图9-9所示的小红书文案以使用反馈为切入点，从主观的个人体验出发，结合实际使用情况（如无须倒污水、自动更换拖布的使用体验），真实地展示产品的功能，从而增强用户对产品的信任。

图9-9　扫地机器人的使用反馈

（2）建立信任。在"种草"性质的文案中，建立用户信任至关重要，这有助于用户接受推荐并采纳建议。文案人员可以采用以下3种方式来增强用户的信任感。

- **呈现事实**：文案人员应客观地介绍产品的特点、功能、工艺等信息，并提供相关的数据、认证信息、检测报告（见图9-10）等，以证明产品的优质和可靠。

- **解答用户疑问**：文案人员可以主动罗列用户可能存在的问题，如有关产品功能、质量、使用时间、使用便捷度以及保修保质期等方面的疑虑，并有针对性地提供详尽的解答，打消用户的疑虑，如图9-11所示。

- **利用达人影响力**：小红书达人通常具有一定的影响力，如果某些达人曾使用过"种草"推广产品，文案人员可以邀请他们在自己的小红书账号中分享产品信息和使用体验，增加产品的曝光度。

（3）引导下单。在用户产生信任感后，文案人员要顺势在文案中引导用户下单，主要是通过提供福利（如发放优惠券、给予专属折扣等）和赠送奖品等来激发用户的购买欲望。

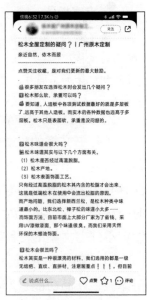

图9-10　展示检测报告　　　图9-11　解答疑问

在写作"种草"性质的文案时，文案人员要从用户的角度出发，提供有参考价值的信息。同时，文案人员推荐产品时要实事求是，不夸大产品的卖点，可以适当提及产品的一些无伤大雅的缺点。此外，文案人员还可以通过使用前后对比、同类产品对比来突出产品优势，必要时还可以使用表格、对比图直观地展示对比情况。

9.2　H5文案的写作

近年来，火热的 H5 已经逐渐被大家所熟悉，各大 App 的年度总结、年度用户数据盘点等基本都使用 H5 作为载体，而 H5 强大的功能也使其成为企业营销推广的重要方式。H5 文案是 H5 中的一个重要元素，它在很大程度上影响了 H5 的传播范围。

9.2.1　H5文案的写作步骤

很多 H5 文案看起来天马行空、充满想象力，但为了确保 H5 文案的质量、效果，文案人员在写作 H5 文案时需要遵循一定的步骤。

1. 确定主题

写作 H5 文案的第一步是确定文案主题，这是确保文案内容有重点和连贯的关键。确定 H5 文案的主题可以根据营销目标和用户层次及心理确定。

（1）根据营销目标确定。在写作 H5 文案前，文案人员首先要明白营销目标是什么，如活动宣传或品牌推广。例如，某银行要宣传开学季优惠活动，以开学第一堂体育课为主题写作 H5 文案（见图 9-12），在人物奔跑过程中植入银行优惠活动信息。

图 9-12　以开学第一堂体育课为主题写作 H5 文案

（2）根据用户层次及心理确定。根据用户层次及心理确定 H5 文案的主题，能更准确地抓住目标用户的心理特征，引起其兴趣，从而达到营销的效果。文案人员使用这种方法时需要提前了解或分析用户的层次和心理需求。例如，图 9-13 所示为以"遇见妈妈的味道"为主题的 H5 文案，其针对的是用户在中秋节想家、怀念与父母相伴的时光的心理。

图 9-13　以"遇见妈妈的味道"为主题的 H5 文案

2．写好标题

H5 文案的标题可以影响用户对 H5 文案的第一印象。对 H5 文案来说，其标题写作需要思考目标用户是哪些人，这些人关注什么，标题风格是什么等问题。例如，某 H5 文案的标题"原来小长长长长长长长长长长假还能这样过？"针对的目标用户是年轻人，关注点是度假，标题风格年轻化。

3．写作有创意的内容

H5 具有丰富的表现形式，可以产生各种创意，所以创意对 H5 文案而言非常重要。要写作有创意的内容，文案人员可以设置一个新奇的场景，并用文字来使场景更加丰满，然后再用相应的图片来搭配，营造一种具有感染力的氛围。

 案例分析：通过场景建构体现创意的 H5 文案

　　某品牌在中秋节期间推出了一则名为"为团圆奏一首'月'"的 H5 文案，如图 9-14 所示。该 H5 文案引导用户根据提示选择演出阵容（即各种团圆场景，包括家人团聚、朋友欢唱等）、乐器和声乐等，最后通过"完成演奏"按钮生成专属海报。

图 9-14　"为团圆奏一首'月'"的 H5 文案

案例点评： 该 H5 文案抓住中秋节赏月的"月"与音乐的"乐"之间的谐音关系，十分有创意地引入组建乐队奏乐庆祝中秋节的场景，并通过"月光已就位""演员已就位""演奏马上开始"等文字渲染了演出气氛，配合音乐和图片，让用户有一种身临其境之感。

4．排版调整

内容完成以后，文案人员就需要进行排版调整。具体需要注意以下 4 个方面。

（1）文案的长短。H5 文案不宜过长，最好不超过整个页面的二分之一。

（2）文字的大小。H5 文案文字的大小要根据内容主次有所区分，页面的主题句要用大号字体来强调。H5 文案文字的比例要恰当，保证看起来和谐美观。

（3）文字的颜色。H5 文案文字的颜色要与背景形成反差，深色背景要搭配浅色系文字，浅色背景要搭配深色系文字，但搭配不能过于跳跃或突兀。

（4）文字的字体。H5 文案的字体最好不超过 3 种，且要与整体风格相符。

9.2.2　H5文案的写作技巧

通常，H5 文案要有感染力，才能吸引用户持续观看。要想增强 H5 文案的感染力，文案人员需要掌握以下写作技巧。

1．构建独特场景

构建独特场景是 H5 文案创作的一种常见技巧。独特场景是指那些别出心裁、充满想象力、与日常生活截然不同的情境，如探索外太空等情境。为了使场景更引人入胜，文案人员可以通过生动的细节描写、有视觉吸引力的图片和视频等来营造氛围，如未来城市的飞行汽车、奇幻王国的神奇生物、外星球上的陌生植被等，增强场景的逼真感，让用户更深入地体验故事情境。例如，图9-15所示的"我的中秋探月之旅"H5文案构建了探月之旅的场景，并使用月球、太空舱、宇航员等元素来达到丰富场景的视觉效果。

图9-15 "我的中秋探月之旅"H5文案

2. 设置互动

H5文案的一大特点是交互性强。对H5文案而言，设置互动可以有效提高用户的参与度，包括测试、抽奖、答题和玩游戏等方式。在H5文案中设置互动时，文案人员需满足以下几点要求。

（1）表达明确。H5文案应简洁明了、通俗易懂，让用户可以快速理解。

（2）指示明晰。H5文案应明确指导用户如何参与互动，可以使用简洁直白的动词进行指示，如"点击""填写""再测一次"等。

（3）突出价值。H5文案要让用户了解参与互动的利益或意义，如有机会获得奖品、享受折扣或为公益事业做贡献等。

（4）提供反馈。用户完成一项互动操作后，需要通过文案给出及时的反馈，如跳转到下一个页面、弹出"成功"提示页面等，让用户明确自己的操作是有效的，并感受到一定的互动乐趣，从而继续进行下一步操作。

 案例分析："童年回忆小卖部"的H5文案

人民网推出了一则名为"童年回忆小卖部"的H5文案，如图9-16所示。该H5文案引导用户进入小卖部挑选自己儿时流行的各种玩具、零食，最后根据用户的选择生成个性化报告。

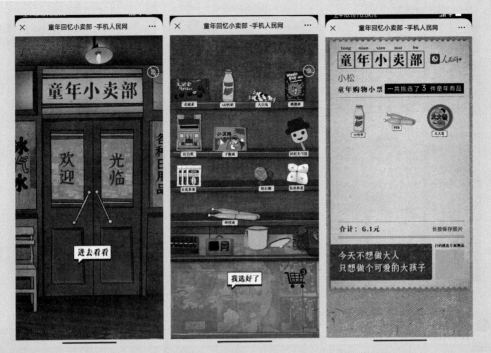

图9-16 "童年回忆小卖部"H5文案

案例点评：该H5文案的操作提示简单明确、无歧义，如"进去看看""我选好了""长按保存图片"等，让用户一目了然。此外，该H5文案还会提供反馈，用户在货架上点击产品后，产品会添加到右下角的购物车中，且购物车的数字会随着产品的增减而变化，用户可以明确自己的操作是有效的，进而更有兴趣继续参与。

3．讲故事

H5文案能承载丰富的信息，极具讲故事的潜力。文案人员可以运用H5文案来展现有吸引力的故事，从而吸引用户浏览H5文案。在叙述故事时，文案人员应避免大量的文字叙述，可借助人物的独白和对话，以及带有叙事功能的图片来生动地呈现故事情节，更好地引导用户代入故事中，产生情感共鸣。此外，为了提升故事的吸引力，文案人员还可以创造有趣的故事情节，设置情节反转和添加视觉元素等，为用户提供新奇、丰富的视觉体验。

例如，图9-17所示的"你可曾留意过那团微光"H5文案讲述了出租车司机因搭送孕妇去医院而耽误给女儿过生日的故事。该故事以动画的形式呈现，文案内容主要通过人物对话来表达，可以引导用户代入故事情节中，为故事中的温情所感动。

图 9-17　"你可曾留意过那团微光"H5 文案

素养提升

　　近年来，人民日报、新华社等主流媒体制作了不少有创意的H5文案，这些H5文案巧妙地将趣味性和教育性结合起来，通过新颖的互动设计吸引用户观看、参与，让用户在不自觉中接受了正能量的洗礼。图9-18所示的"测测你的红色基因"H5文案就邀请用户选择3个喜欢的红色选项并生成报告，每个红色选项均对应着党和国家的"高光"时刻，让用户在选择选项的过程中了解党和国家的发展历程。文案人员在写作H5文案时也可以通过这样的方式传递正能量。

图 9-18　"测测你的红色基因"H5 文案

9.3　社群文案的写作

社群是指以某种网络平台为载体，将拥有共同的兴趣爱好或某种需求的网民聚集在一起，让他们沟通交流，展示各自价值而形成的一种社交群体。社群具有高活跃性和巨大流量，成了企业营销的重要阵地，社群文案是社群营销的媒介。

9.3.1　社群文案分类

根据实际需求和营销目的的不同，社群文案可以分为多种类型，包括社群引流文案、社群欢迎文案、社群活动文案、产品推广文案和知识分享文案等。

1. 社群引流文案

社群引流文案主要用于吸引更多用户主动加入社群，帮助企业建立和维护与用户的关系。社群引流文案通常包含社群价值、社群文化和社群福利等内容，让用户能够了解社群，并加入社群。例如，图 9-19 所示为某电视剧爱好者社群的引流文案，其通过强调入群福利来吸引用户加入社群。

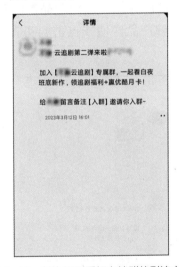

图 9-19　某电视剧爱好者社群的引流文案

2. 社群欢迎文案

用户加入社群之后，通常并不清楚社群定位、社群规则、入群福利等，因此多数社群都会通过社群欢迎文案告知用户社群的相关信息。社群欢迎文案包含欢迎语、社群定位、社群规则、社群福利等。例如，图 9-20 所示为某社群中欢迎新成员的文案。

3. 社群活动文案

为了提高用户的活跃度，社群还会定期开展各种社群活动，社群活动文案就是围绕社群活动撰写的文案，主要用于向用户传达活动的信息、亮点和价值（见图 9-21），为社群活动做宣传，吸引用户参与活动。社群活动文案的特点是简洁、吸引人、有趣，具有互动性和传播性。

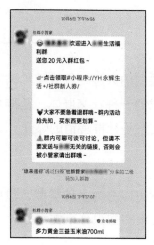

图 9-20　某社群中欢迎新
成员的文案

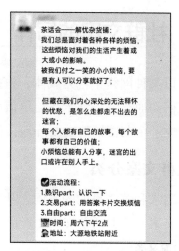

图 9-21　社群活动文案

4．产品推广文案

产品推广文案是一种旨在宣传和推广产品或服务的文案，其主要目标是促进产品销售。产品推广文案包括新品推广介绍、热销产品推广介绍等，内容简短，并搭配产品购买链接，方便社群成员了解产品详情或点击购买。例如，图 9-22 所示为某社群中的产品推广文案。

图 9-22　某社群中的产品推广文案

5．知识分享文案

知识分享文案是分享有价值的内容、知识点或经验的文案，可以帮助用户提高知识水平、掌握专业技能等。因此很多社群会定期发布知识分享文案，让社群成员认为该社群是有价值、有内容的。

这类文案一般是分享一些专业知识，如读书社群可以分享一些小众或经典的书籍或阅读技巧等；健身社群可以分享健身食谱、健身注意事项等内容。知识分享文案的具体内容通常与社群定位密切相关，但需要推广产品的时候，也会巧妙地融入推广信息，如图9-23所示。

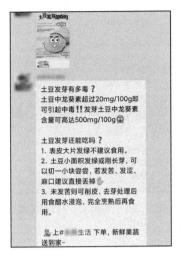

图9-23   知识分享文案

9.3.2   社群文案的写作要点

社群文案在品牌推广、产品销售和用户互动等方面发挥着重要作用。为了提高社群文案的吸引力，文案人员在写作社群文案时应注意以下要点。

1．明确社群定位和用户需求

不同的社群具有各自独特的定位，其目标用户群体也会有所不同，如音乐爱好者社群、考研考生交流群等。因此，文案人员应充分考虑社群的特性和定位，确保社群文案与社群定位相符合，以便吸引潜在用户。例如，羽毛球爱好者社群的文案内容应围绕羽毛球相关话题展开，如新的羽毛球比赛、羽毛球技巧等。

此外，文案人员还需考虑社群成员的阅读偏好，使用与他们喜好相匹配的表达方式和语言风格来写作社群文案。例如，如果社群主要由中老年人组成，那么文案应简洁明了、通俗易懂，便于其理解。而如果社群属于专业领域，如审计、建筑设计、工程管理等领域，文案则应正式、专业，内容应理性、客观、具备较强的逻辑性。

2．建立共鸣

写作社群文案的关键在于建立共鸣，也就是使社群成员在阅读时感到社群文案与自己的内心需求、兴趣和价值观相契合。要做到这一点，文案人员在写作社群文案时应突出社群的价值观和成员之间的共同经历，使社群成员在文案中获得共鸣。例如，图9-24所示为某运动打卡群的文案，其中便强调了社群的价值观——自律即自由，并表达了追求有价值的人生的积极情感，对长期坚持运动的社群成员来说很容易产生共鸣。

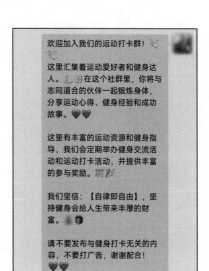

图9-24 某运动打卡群的文案

3. 使用多样化的表现形式

目前，微信、QQ等平台的社群都支持多种内容表现形式，包括文字、图片、视频、动画、音频、GIF动图、表情包、H5等。这些表现形式可以使文案更生动、有吸引力。例如，社群文案可以结合图片和文字来讲述故事，使用视频展示产品或产品使用教程。此外，社群活动中可能会涉及报名、投票等互动，文案人员还可以借助小程序来传递相关信息（见图9-25），以实现统计、收费等功能。

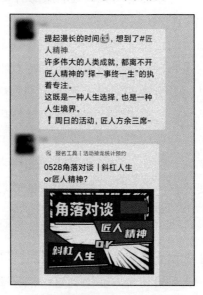

图9-25 借助小程序传递信息

👤 **专家指导**

为了保证重要的社群文案不被淹没在群消息中，文案人员可以使用@功能提示所有社群成员，但最好是在需要告知用户重要的、有意义的内容时使用，以免打扰社群成员，引起社群成员的反感。

📈 9.4　课堂实训

实训一　写作小红书文案推广床品

某网店推出了一款纯棉床品四件套，采用绿色床单搭配白底碎花被套设计。面料为 100% 棉，支数为 40 支，亲肤透气、不褪色、不缩水。该网店打算在小红书推广该产品，文案人员需要先写作文案的文字部分。

1．实训目的和要求

通过该实训，文案人员要掌握小红书文案的写作方法，具体要求为：写作小红书文案（仅完成文字部分即可）推广床品四件套。

2．实训步骤

写作小红书文案的具体步骤如下。

STEP 01 ⭕ **确定切入点。** 对床品四件套而言，舒适度通常很重要，再加上网购无法接触实物，用户通常较为关注床品四件套的实际使用感受，因此可以将使用感受作为切入点。

STEP 02 ⭕ **写作文案。** 为提高文案的真实性，选择以第一人称的口吻叙述，以介绍个人主观体验为主，语言生动活泼、生活化。具体而言，文案可以先以兴奋的语气引入，表现对床品四件套的满意，然后再分外观、面料、不褪色、性价比高 4 点介绍床品四件套，让用户了解产品的详细信息，并打消用户在色差、褪色、缩水等方面的顾虑，还可以简单提及床品四件套的缺点——支数不算高，增强真实性。最后再委婉地介绍床品四件套的优惠信息，引出床品四件套的店铺，引导用户购买产品。根据以上内容写作小红书文案，床品四件套小红书文案如图 9-26 所示。

前阵子做了好多功课，货比三家后终于入手这款四件套。这款四件套，真的超舒服，自从用上它后，我每天都不想起床！

【优点】

1.外观漂亮。打开来看，一点色差都没有，绿色的床单搭配各种小碎花，很有春天的感觉。我以前的床品是灰色的，这次换上它，整个房间都亮了！

2.纯棉。我做功课才知道，床品要买纯棉的才舒服，亲肤吸湿、透气柔软，而且越洗越软。化纤的虽然便宜，但是不透气，睡着很闷很热，纯棉的就不会有这种问题。

3.不褪色、缩水。洗之前我特意浸泡了一个多小时，一点儿都没有掉色，晾晒好后也没有缩水，质量真的不错。

4.性价比高。它的价格也很优惠，119 元包邮。老实说，化纤四件套都要百元左右，100% 棉的卖这个价格真的很值，买到就是赚到。

【不足】

当然，我还是要客观地说，这款四件套是 40 支的，舒适度方面比起 60、100 支的自然是要逊色些。但除非要求很高，不然 40 支已经够大部分家庭使用了，60 支的四件套的价格至少要翻一倍，更别说 100 支的了，所以这款四件套还是很合适的。

对了，客服小姐姐告诉我，现在去他们家下单，还可以领取 10 元无门槛优惠券，这样算下来简直太划算了。店铺是××平台的××床品哦。

图 9-26　床品四件套小红书文案

实训二　写作社群文案推广花艺产品

某网店组建了一个花艺爱好者社群，其成员主要是都市白领，他们追求生活品质，文化水平较高，也有较强的审美能力。近期，该网店新推出了一款春利牌鲜花保鲜剂，它清澈透明无异味，不含任何有害化学物质，可以保持花瓶水质清洁，为花卉提供持续的营养供应，让花期延长一倍以上，让花苞变大10%～20%。该网店打算在微信群推广该产品，需要写作知识分享文案和产品推广文案。

1．实训目的和要求

通过该实训，掌握社群文案的写作方法。具体要求为：写作知识分享文案和产品推广文案推广春利牌鲜花保鲜剂。

2．实训步骤

分别写作知识分享文案和产品推广文案，具体步骤如下。

STEP 01 ◆**写作知识分享文案**。由于该品牌的目标用户都比较喜欢养花，所以可以分享养花的相关知识，并与鲜花保鲜剂相关联。因此文案人员可以分享如何延长鲜花花期的知识，然后植入所推广产品的信息。此外，由于社群成员的文化素养较高，因此社群文案的风格要专业，符合社群成员的喜好。根据以上内容写作知识分享文案，如图9-27所示。

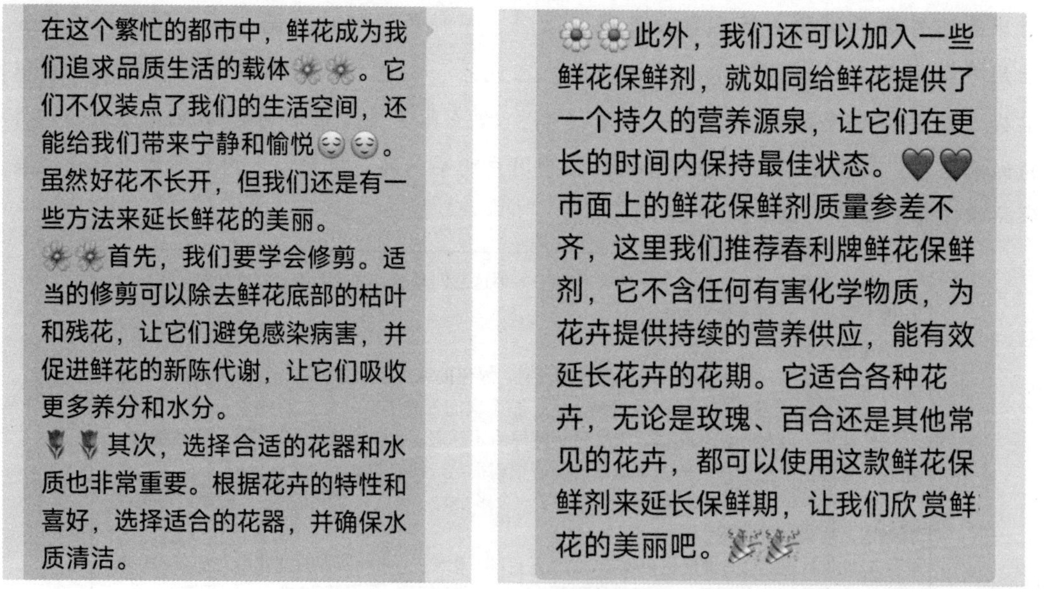

在这个繁忙的都市中，鲜花成为我们追求品质生活的载体 🌼🌼。它们不仅装点了我们的生活空间，还能给我们带来宁静和愉悦😌😌。虽然好花不长开，但我们还是有一些方法来延长鲜花的美丽。

🌼🌼首先，我们要学会修剪。适当的修剪可以除去鲜花底部的枯叶和残花，让它们避免感染病害，并促进鲜花的新陈代谢，让它们吸收更多养分和水分。

🌹🌹其次，选择合适的花器和水质也非常重要。根据花卉的特性和喜好，选择适合的花器，并确保水质清洁。

🌼🌼此外，我们还可以加入一些鲜花保鲜剂，就如同给鲜花提供了一个持久的营养源泉，让它们在更长的时间内保持最佳状态。🖤🖤市面上的鲜花保鲜剂质量参差不齐，这里我们推荐春利牌鲜花保鲜剂，它不含任何有害化学物质，为花卉提供持续的营养供应，能有效延长花卉的花期。它适合各种花卉，无论是玫瑰、百合还是其他常见的花卉，都可以使用这款鲜花保鲜剂来延长保鲜期，让我们欣赏鲜花的美丽吧。🌸🌸

图9-27　知识分享文案

STEP 02 ◆**写作产品推广文案**。文案人员写作产品推广文案时可以全面介绍鲜花保鲜剂的卖点，但表述不能过于直白，可以具有一定的文学性，还可以凸显社群共同的价值观——追求美和品质生活，以使社群成员产生共鸣，进而产生购买行为。此外，为了让所有社群成员能及时看到群信息，文案人员可以使用@功能提醒所有社群成员。根据以上内容写作产品推广文案，如图9-28所示。

图 9-28　产品推广文案

9.5　课后练习

1．选择题

（1）【单选】以下关于小红书文案的说法，错误的是（　　　）。

  A．要精心挑选封面

  B．小红书上有很多产品测评类文案

  C．小红书文案很少加入表情、符号

  D．在小红书封面中加入文字突出主题有助于吸引用户关注

（2）【多选】社群文案的类型包括（　　　）。

  A．社群引流文案　　　　　　　　B．社群活动文案

  C．产品推广文案　　　　　　　　D．知识分享文案

（3）【多选】小红书文案的类型包括（　　　）。

  A．产品测评类　　　　　　　　　B．知识／技能分享类

  C．合集推荐类　　　　　　　　　D．生活记录类

2．填空题

（1）文案人员可以运用＿＿＿＿＿＿＿＿、＿＿＿＿＿＿＿＿＿、＿＿＿＿＿＿＿＿＿3种方式增强用户的信任感。

（2）H5 文案的写作步骤包括＿＿＿＿＿＿＿＿＿＿＿、＿＿＿＿＿＿＿＿＿＿、＿＿＿＿＿＿＿＿＿、＿＿＿＿＿＿＿＿＿＿＿。

（3）确定 H5 文案主题的方法有＿＿＿＿＿＿＿＿＿、＿＿＿＿＿＿＿＿＿两种。

3．判断题

（1）小红书文案封面常用的加工方式有双图对比、多图拼接。　　　　　　（　　）

（2）H5 文案最好超过整个页面的二分之一。 （　　）

（3）对 H5 文案而言，在用户完成一项互动操作后，需要给出及时的反馈。

（　　）

4. 实践题

（1）现有一款智能衣架，该衣架具有智能传感、远程控制、除菌防霉等多种功能，能够为用户带来更加智能便捷的生活体验。请你写作一篇小红书文案推广该智能衣架（配套资源:\ 素材文件 \ 智能衣架 1.jpg、\ 素材文件 \ 智能衣架 2.jpg、\ 素材文件 \ 智能衣架 3.jpg）。

（2）某家电品牌打算通过 H5 文案推广旗下的智能家电产品，包括空气净化器、净水机、扫地机器人。请按照 H5 文案的写作步骤，确定 H5 文案的主题，写作 H5 文案的标题并构建一个有创意的场景。